Rhonda Lamberty

Hydros

Geschichten vom Wasser

LAND KÄRNTEN
Kultur

LAND KÄRNTEN
Frauenreferat

Bundesministerium
Kunst, Kultur,
öffentlicher Dienst und Sport

der wolf verlag
9400 Wolfsberg

Gestaltung: der wolf verlag
Titelfoto: Rhonda Lamberty

ISBN 978-3-903354-10-4

www.raggernot.net

Rhonda Lamberty

Hydros

Geschichten vom Wasser

der wolf verlag

für Julian

Vorwort

Gewidmet ist dieses Buch dem Protogenos der Gewässer aus der altgriechischen Mythologie, einer göttlichen Verkörperung jenes Urprinzips, wonach am Anfang nicht das Licht, sondern das Wasser stand. Sein Sitz liegt in der Unendlichkeit des Universums. So weit entfernt, dass nicht einmal die alten Griechen viele Geschichten über ihn zu erzählen wussten. Hydros meldet sich nur selten zu Wort: Wer dieses Buch aufmerksam liest, wird die Stellen finden.

Als Schriftstellerin, der das Wasser als unser aller Lebenselixier am Herzen liegt, kann ich nur hoffen, dass meine Erzählungen vom Wasser berühren wie der feine Sprühnebel eines Wasserfalls oder in Erstaunen versetzen wie Schneeflocken, die vor den Augen tanzen. Möge das Wesen des Wassers langsam ins kollektive Bewusstsein einsickern wie warmer Sommerregen in den Boden.

Auf dass wir „wasserweise“ werden!

Hydros

Atmen

Bevor ein leichter Meereswind aufkam, der von der Ebbe herrührte, kehrten die Wassermenschen noch immer in die Häuser zurück. Das Kreischen der Möwen, die über der See taumelten, drang an ihr Ohr, sobald sie auftauchten. Aus einer alten Gewohnheit heraus begleiteten die Vögel sie so wie früher die Dampfer bei der Rückkehr in die Häfen. Bilbao schwamm wendig durch eine Öffnung in der 58. Etage ins Gebäude hinein. Das Glas war lange schon zerborsten. An den Rahmen klebten Muschelkolonien, die am Abend eingesammelt und mit den Algen verspeist wurden.

Vorsichtig setzte Bilbao seine Füße auf den feuchten Boden und schüttelte sich. Wassertropfen stoben aus dem Haar. Dann ging er auf Zehenspitzen die Treppen hinauf in das Stockwerk, in dem einmal ein Restaurant gewesen war, mit Blick über die ganze Stadt, die 200 Jahre lang nachts, in ein Lichtermeer getaucht, den Zauber ihrer Zeit verströmt hatte. Jetzt ragten nur noch vierzig Gebäude aus dem Wasser hervor, Plattformen und Türme aus Beton, die aus dem Ehrgeiz heraus entstanden waren, an den Wolken zu kratzen. Seitdem die Elektrizität den Wassermassen zum Opfer gefallen war, zeigte sich der alte Glanz nur noch, wenn die metallgläsernen Fassaden die Sonnenstrahlen reflektierten und ihre Schatten an der Wasseroberfläche tanzten.

Bilbao breitete den Seetang auf einem der Tische aus. Das Meeresgemüse wuchs in Hülle und Fülle auf einer ehemaligen Aussichtsterrasse, die jetzt unter der Wasseroberfläche lag. An den Gitterstäben des Geländers rankten sich die hellgrünen Pflanzen empor. Als Bilbao im Begriff war das Grünzeug in kleine Stücke zu hacken, ließ ihn das Geräusch von Rudern, die ins Wasser schlugen, aufhorchen. Er legte das Messer beiseite und eilte, zwei oder drei Stufen auf einmal nehmend, die Feuertreppe hinunter, beugte sich aus dem Fenster und beobachtete das Boot, das auf das Gebäude zutrieb.

Aquilea, seine Liebste, war im schaukelnden Kahn aufgestanden, um die Ruder zu verstauen. Erst als sie sich zum Anlegen aufrichtete, entdeckte sie Bilbao, der jede ihrer Bewegungen, lässig an den Fensterrahmen gelehnt, beobachtete. Aquilea legte ihren Kopf in den Nacken, so, dass die Haare bis auf das Gesäß fielen und sich in den Bändern ihres Bikinis verfingen. Bilbao witzelte immer darüber, weil sie auf Badekleidung bestand, obwohl weit und breit niemand zu sehen war. Doch heute sagte er nichts. Sie formte mit den Händen einen Trichter und rief freudestrahlend nach oben: „Du weißt nicht, wie sehr ich dich vermisst habe!“

Bilbao lächelte und wartete mit der Antwort, bis sie den Weidekorb, vollgefüllt mit Früchten, an das Seil geschnürt hatte, damit er ihn nach oben ziehen konnte.

„Ausgezeichnet. Mir ging es nämlich genauso“, sagte er beiläufig, während er mit einer Hand geschickt eine Ananas umfasste, die aus dem Korb zu fallen drohte. Aquilea schloss die Augen und lächelte. Mit einem Sprung verschwand sie im Meer und tauchte in das Gebäude hinein. Das Wasser tropfte an ihr hinab, als sie hinter Bilbao die Stufen in die oberste Etage hinauftrabte.

Kurz bevor der Meeresspiegel so hoch angestiegen war, hatte sich jemand mit großen Visionen die Mühe gemacht, eine Gruppe von Gebäuden bis oben hin aufzuschütten. Allmählich verfestigte sich das Erdreich zwischen den Mauern und Steinen und glich einem Archipel. Eine dichte Algenschicht hielt das Salz des Meeres fern. Mit der Zeit hatten die Wurzeln das Mauerwerk durchbrochen und überwuchert, was manche Wolkenkratzer wie in den Himmel wachsende Inseln wirken ließ. Apfelbäume, deren Früchte gleichzeitig mit den Blüten an den Ästen hingen, hatten sich an die Kakaobäume und das karibische Klima, das nun herrschte, angepasst. Es regnete jeden Nachmittag, bis die Bäume satt waren. In einem anderen

Gebäude, das mit dem Boot schnell zu erreichen war, wuchsen Quittensträucher neben Birnbäumen und Bananenstauden, ganz oben die Avocado- und Guavenbäume und zu deren Füßen gediehen Ananas- und Aloe Vera Gewächse in erheblicher Zahl.
Bilbao beobachtete, wie Aquilea eine Guave in die Hand nahm und sie vor das Gesicht hielt, um ihren Duft einzusaugen. Man sah es ihr an, welche Freude es ihr bereitete, die Früchte zu kleinen Pyramiden zu schlichten und damit die Bar zu dekorieren, an der früher viele Menschen Platz genommen hatten, um sich zu amüsieren. Statt dem Duft der Parfums, die die Städter gerne getragen hatten, lag nun der süße Geruch reifer Früchte im Raum. Die Nahrung hätte für eine Stadt mittlerer Größe gereicht, doch besonders viele Wassermenschen gab es nicht, zwölf Dutzend vielleicht. Ein Stamm.

Alle Anderen, die man einst der Gattung „moderner Mensch" zugeordnet hatte, waren mit ihren Anführern, den Technokraten, ein Regime aus profitgierigen oder hinterlistigen Wichtigtuern, in die Zentren der Macht im Landesinneren gezogen. Selbst als die Süßwasservorräte verschwunden und der Meeresspiegel gestiegen und gestiegen und gestiegen war, hatte man weitergelebt wie zuvor. Mit einer neuen Armee aus digitaler Manipulation und weitreichenden Sanktionen, durch die der Mensch besser funktionieren sollte, um das Ende der Welt, wie man sie kannte, abzuwenden.

Im Hintergrund wurde mit fiesen Tricks um die Quellen gekämpft, die man den Demokratien mit schmutzigen Geschäften abluchsen wollte, um in den prognostizierten Kriegen um Wasser Oberhand zu behalten. Es misslang auf allen Ebenen.
Man hatte die Tiere aufgefressen und bis zum letzten Atemzug nicht abgelassen vom Kontrollzwang und am wenigsten, am allerwenigsten, vom Leistungsideal, mit dem man sich von den jeweils weniger Wertvollen in den Hierarchien zu unterscheiden glaubte. Einst friedliche Menschen legten sich Pistolen zu. Es erschien sinnvoller sich zu bewaffnen als einander zu vertrauen. Es gab auch nicht viel, was einen darin bestärkt hätte, an andere zu glauben. Am Ende war jeder für sich gewesen. Und allein. Man hatte auf „dem System“ beharrt, dem System aus Staat, aus Finanz oder Wissenschaft, an das man kritiklos zu glauben hatte wie an eine finstere Religion und über all dem stand der Besitz und das allumfassende Profitsystem. Stets in der Angst, das Schlechteste käme sonst aus der Menschheit hervor.

„Wir haben schließlich bezahlt“, sagten die Technokraten und ihr Handeln war ein einziger Ungehorsam geblieben, gegen die Freiheit und gegen das Wesen der Empathie. Die Schar ihrer Anhänger war dennoch groß gewesen. In den letzten Atemzügen des Systems war man daran gegangen, die Luft zu verpesten, denn wer atmen will

– Wo käme man sonst hin? – soll etwas leisten und ordentlich zahlen für das Elixier, das sich die Windigsten als Einnahmequelle unter den Nagel gerissen hatten, nachdem alles andere schon aufgeteilt gewesen war.
Die Rechnung ging nicht auf. Zu viele Denkfehler im Spiel. Bis in den Himmel stank der seelische Müll.

Die Sanften und Sinnlichen blieben in der sinkenden Stadt im Meer zurück. Sie hatten beschlossen, sich dem Wesen des Wassers anzuvertrauen. Doch man ließ sie nicht in Frieden leben. Die Gehilfen der Technokraten schickten Post aus dem Hinterland. Mit Drohnen sausten die Briefe über die Köpfe der Wassermenschen hinweg und fielen nieder wie Munition. Es hagelte Besitzstörungsklagen und Mietzinsforderungen für die Apartments. Allesamt würden schließlich über Meerblick und direktem Wasserzugang verfügen. Das kostet eben.
Man bestand auf Steuern für die Boote und klagte Patentrechte an Melonen ein. Man zählte alle Paragraphen auf, und wenn es für etwas noch keinen gab, erfand man neue als Druckmittel gegen die Freiheit, die der Wassermensch sich nahm.

Bilbao, Aquilea und ihr Stamm, die untereinander eine tiefe Freundschaft verband, konnten sich nur ins Meer retten, das sie aufnahm

wie eine schützende Hand. Schwerelos widerstanden sie „dem System“, das von der Unterwasserwelt aus betrachtet, zusehends eindimensional erschien.
Selbstvergessen, spielerisch übten die Wassermenschen stetig, damit sich ihr Lungenvolumen vergrößerte.

Einatmen. Die Luft anhalten. Langsam, langsam ausatmen.
Eine von ihnen, die einmal Bürgermeisterin dieser Stadt gewesen war und ihre Jugend bei den Bajau in Südostasien verbrachte, wusste wie es funktionierte und lehrte allen das Apnoetauchen. Sie spürten gut nach, streichelten den Bauch, den Brustraum, die Lenden und atmeten bis in die Milz hinein. Tief einatmen bis die Luft alle Organe durchströmte und durch den leicht geöffneten Mund so langsam abgegeben wurde, dass Sekunden wie Minuten erschienen und Minuten wie Stunden. Bald hielten sich die Wassermenschen zehn Minuten lang an einem Stück unter Wasser auf. Dann zwanzig. Doch das Zählen ließen sie in kürzester Zeit völlig sein, denn es brauchte nur noch zwei Zähleinheiten für das Leben, das neue: „Weiter“ und „genug“.

Stück für Stück gingen sie tiefer. 20 Meter in die Tiefe, dann vierzig, bis sie die Turmspitze der Trinity Church zu sehen bekamen, in die der Weltfrieden eingezogen war. Die Töne der Pfeifenorgel aus dem Inneren zogen die Wale aus dem Atlantik an. Sie kommunizierten in lang anhaltenden, pfeifenden Tonfolgen, die in Wellen bis zur Orgel wallend, fähig waren, neue Melodien anzuschlagen.

Ein Lichtstrahl drang aus der Dunkelheit nach oben, der in Aquilea den Impuls auslöste, weiter nach unten zu tauchen, um nachzusehen, welches Geheimnis diese Kirche in sich barg, doch Bilbao hielt sie am Bein zurück, bis Aquilea sich ihm zuwandte. Er schüttelte den Kopf. „Genug“, sagte sein Blick, „die Gefahr ist zu groß“.

Sie waren noch nicht so weit, bis an den Grund der Stadt hinabzutauchen.

Mit zunehmender Sicherheit im Meer fiel auch die Angst vor den Drohnen. Abends sammelte Bilbao die Briefe ein und warf sie in die Schächte der 37 Lifte, die alle außer Betrieb waren, und eines Tages, eines sehr freudigen Tages, schleuderte er den letzten solarbetriebenen Flieger hinterher.

Es kam keiner nach. Die Technokraten waren nur mehr damit beschäftigt gewesen, sich gegenseitig einander auszurotten. Dann, endlich war Ruhe, der Himmel wieder frei. Das ganze Universum hielt inne und atmete erleichtert auf.

Bilbao und Aquilea waren Hand in Hand auf das Dach ihres Zuhauses gegangen. „Weiter!“, flüsterte Aquilea als Bilbao ihr das Salz von der Haut spülte und aus dem Haar, das so wie seines bis zu den Hüften reichte. Mit einem Krug schöpfte er das Regenwasser aus dem Swimmingpool im Garten auf der obersten Plattform und reinigte es von Plankton und von Würmern, auf die sich die Möwen stürzten, wenn Bilbao sie ihnen zuwarf. Als der Himmel zur Dunkelheit überging, saßen er und Aquilea noch immer da und bliesen warme Luft aus den Lungen in das Haar hinein, bis es sich in prachtvollen Locken legte. Mit dem Gel der Aloe Vera, das von den Wolkenkratzerinseln kam, und dem Fett aus Kakaobohnen, pflegten sie die Haut. Geschmeidig bleiben für die Tage im Wasser und für die Nächte an Land.

Den Füßen wurde dabei größte Achtsamkeit entgegengebracht. Die Füße, die Füße, sie tragen dich, die Füße lenken dich, die Füße kennen dich. Sie treiben dich an. „Ja, sie spiegeln deinen Verstand und deine Seele“, sagte Aquilea vor sich hin, während sie jede Stelle mit geschlossenen Augen, vom Atem begleitet, sedierend, kreisend, streichelnd sanft massierte.

In der gesamten Evolution hatten die Menschen nicht so schön ausgesehen wie sie. Die Muskulatur ausgewogen und stark, die Gliedmaßen geformt wie aus einem Atelier, die Haltung aufrecht, ihr

Gang vom Schwimmen und Lieben so elegant, als würden sie schweben, und eine Aura in den Farben des Ozeans umgab jede und jeden. Niemand wurde krank, sie alterten auch nicht und niemand starb. Sie genossen das Gefühl, völlig bei sich angekommen zu sein. Manchmal, ganz selten, verschwand ein Wassermensch, der sich auf dem Rücken der Wale hinaustragen ließ aufs offene Meer oder sich zu einem anderen Stamm auf den Weg machte, in eine andere Stadt, die wie ihre aus dem Wasser ragte.

Manchmal kamen Wesen aus dem Hinterland, denen sich die Zugehörigkeit zu den Wassermenschen spät, aber doch, offenbarte. Nadja und ihr Sohn Elias waren zwei davon, die es geschafft hatten. Ihre Geschichte begann in einer Therapie für die Seele, um mit dem Leben, so wie es damals war, besser klarzukommen. Nadja versuchte sich an den prägendsten Satz aus dieser Zeit zu erinnern.

Flussaufwärts

„Stellen Sie sich einen Fluss vor!", hatte die Frau gesagt.
„Einen Fluss?"
„Ja. Oder einen Bachlauf. Was kommt Ihnen spontan in den Sinn?"

Nadja lag am Sofa, die Hände ineinander verschränkt, mit locker ausgestreckten Beinen, die Fußspitzen leicht nach außen gedreht, aber nur ein bisschen, damit es nicht ordinär wirkte. Sie starrte an die Decke, dann schloss sie die Augen, genau der Vorstellung von Menschen in einer Therapie entsprechend.
„Fluss, Bach, Fluss", sagte sie sich. Langsam setzte sich ein inneres Bild zusammen.
Die Stimme der Psychologin klang wie aus dem Off in einem Film: „Was sehen sie?"

„Wasser und Steine. Abgerundete, graue Steine. Und braune Steine. Große und kleine. An manchen Stellen Moos. Wasser hüpft darüber hinweg. Es ist lebendig und frisch. Man überlegt sich, die Füße darin zu kühlen."

„Wer ist man?"

Nadja stockte: „Ich weiß nicht. Alle. Ich? Alle, die so sind wie ich."
„Ich sehe, es ist ein Bach", fuhr sie fort.
„Woran können sie das erkennen?"
„Das Ufer, das Ufer ist hier. Gras und Waldboden und der Schatten von Bäumen."

„Welche Bäume?"

Nadja schnaubte. Was wusste sie schon über Bäume.
„Ganz normale Bäume."
„Was sind ganz normale ..?"

„Nadelbäume", fiel sie der Therapeutin ins Wort. „Fichten, denke ich. Ich kenne mich mit Bäumen nicht so aus. Da sind auch welche, mit hellgrünen Blättern. Heißen sie Erlen? Oder sind es Linden?"

Hydros mischte sich ein: *Der moderne Mensch erkennt mehr Logos von Firmen an ihrer Form als Blattwerk von Bäumen im Wald, der sie umgibt. Warum sollte Nadja eine Ausnahme sein?*

„Ahorn ist es keiner", fuhr sie fort. „Den erkenne ich. Diese Blätter haben eine ..." Sie zeichnete mit den Händen eine Kontur in die Luft. Das Buchenblatt schien zum Greifen nah.
„Eine ovale Form", erklärte sie.

„Bleiben wir beim Wasser", schlug die Therapeutin vor.

„Ich würde mich gerne ans Ufer setzen und mich umsehen", sagte Nadja. „Wie klar es ist wie rein. Wie unendlich es fließt. Wie die Kieselsteine sich bewegen darin. Und die Pflanzen sich gegen den Strom stellen, um nicht mitgerissen zu werden."

„Wollen sie mitgerissen werden?"

„Nein, auf keinen Fall. Ich will flussaufwärts gehen."

„Wohin?"

„Ich weiß es nicht."

Nadja hörte das Rauschen des Baches. „Da ist ein Waldweg entlang des Wasserlaufs. Und eine Brücke, die über das Wasser führt. Eine Holzbrücke. Sie ist alt, aber stabil. Ich glaube, es gibt keine Überschwemmungen hier. Niemand ist zu sehen", erzählte sie.

„Sind sie an diesem Ort jemals schon gewesen?"

Nadja bewegte mit geschlossenen Augen den Kopf hin und her. „Ich erinnere mich nicht. Wenn ich nach oben schaue, sehe ich steile Hänge links und rechts. Es ist eine Schlucht."
Auf ihrer Stirn bildeten sich Falten. Die Augenlider bewegten sich flackernd und schnell.

Die Therapeutin beugte sich nach vorne, um die Regungen im Gesicht ihrer Klientin zu studieren? Sie hatten sich geeinigt, dass sie während ihrer wöchentlichen Stunde auf einem Stuhl, zwei Meter entfernt, im unteren Drittel des Sofas, Platz nehmen sollte. Das wäre

ein optimaler Winkel, etwas weniger als 45 Grad, hatte Nadja gemeint. Darauf könne man sich verlassen im Leben. Nicht zu nah, nicht zu distanziert. Ein Blickwinkel, der einen außerdem in einem guten Licht erscheinen lasse.
Die Therapeutin achtete auf das Heben und Senken des Brustkorbes ihrer Klientin.
In Gedanken ging Nadja unbeirrt weiter. Sie hörte ein Tosen, das lauter wurde, je näher sie kam. „Oh Gott, der Wasserfall!", sagte sie erschrocken. „Der Wasserfall!"

Zerstäubte Wassertropfen legten sich wie ein Film auf ihre Haut. Sie wischte mit der Hand über das feuchte Gesicht, dem Jochbein entlang, über die Backen. Bis zum Kieferwinkel fuhr sie mit den Fingern und massierte jene Stellen, die schon bei sanftester Berührung schmerzten.
„Dass ich überhaupt noch lebe?"

„Ein Wasserfall ist doch etwas Schönes, oder?"
Die Worte der Therapeutin liefen ins Leere wie Tonnen von Wasser, die über eine Klippe fallen und an den Felsen brechen.
Nadja fiel in der Zeit weit zurück.

Sie beobachtete sich selbst dabei, eine Straße, die von einer Steinmauer begrenzt war, entlangzuschlendern, die Hand auf den Bauch gelegt, den Blick in die Ferne gerichtet. Unten, auf den offenen Feldern, vor dem Eingang zur Schlucht, wo Olivenbäume und Korkeichen bis an die schroffen Felsen heranreichten, sah sie Staub aufwirbeln. Die Erleichterung war groß, dass ihr Liebster zurückkam, um sie abzuholen. Begleitet von einem Reiter, der ihr Pferd an einem Seil hielt, das sie wegbringen würde, von hier. Eine Woche zuvor hatten sie durch ein Missgeschick das Fährschiff in Algeciras verpasst, weshalb sie in der Stadt in den Bergen warten mussten. Der Abschied von liebgewonnen Menschen und von den Gärten, die ihr so ans Herz gewachsen waren, fiel ihr schwer. Nadja hatte die Marktschreierin und deren Bruder, den Possenreißer, die ihr gefolgt waren, nicht bemerkt. Erst gestern hatten die beiden das Marktrecht verloren, weil es zu offensichtlich war, dass die Waren, mit denen sie feilschten, gestohlen waren. Sogar das Zicklein, das die Alte grinsend auf dem Arm trug, fehlte bei einem Bauern auf der Wiese.
An jener Stelle, wo der Weg entlang der steil abfallenden Felsen, nicht befestigt war, hielt Nadja inne, um ihrem Liebsten ein Zeichen zu geben. Sie erkannte, wie er unten in den Pfad, der als Abkürzung in die Stadt führte, im raschen Galopp eingebogen war.
Konnte er sie sehen? Sie setzte einen Schritt nach vorne, um zu winken.

„Remple sie an, schubs sie", hörte sie die Marktschreierin hinter sich kreischen. Nadja war so überrascht gewesen, dass sie keinen Laut hervorbrachte, als der Mann ihr einen Stoß verpasste. Sie hatte ihnen nichts getan. Ihren günstigeren gesellschaftlichen Platz verdankte sie einem Zufall. Keine schöne Rolle: Verantwortung für Andere aufgebürdet zu bekommen. Neid und Missgunst auf allen Wegen als Gegenwert für ein paar Annehmlichkeiten. Ein zu hoher Preis, das stand sich damals schon nicht dafür.

Aus diesen Gründen hatte sie beschlossen, mit ihrem Liebsten fortzugehen. Auf eine große Reise über den Ozean. Blühender Ginster, der aus einer Spalte im Kalkstein wuchs, hielt sie eine Sekunde lang, bis die Äste zu brechen begannen. Sie sah in die weit aufgerissenen Augen des Possenreißers, der überlegte, seine Hand nach ihr auszustrecken, um sie zu retten.
Dann waren da nur Gedanken an ein Fallen, Fallen, Fallen. Die Sorge um das Kind in ihrem Bauch, die Angst vor dem Aufprall. Hundert Meter reichte der Fels in die Tiefe, an der rötlich-ockerfarbenen Gesteinsformation vorbei bis in den Fluss, der sich durch die Schlucht zwängte. Ihr war, als wäre sie vor Schreck in der Luft stehen geblieben. Sie sah ihren zinnoberroten Umhang, wie er in die Tiefe segelte. Nadja blickte von

oben auf einen Körper, der vom Fluss mitgetragen wurde, bis er über den Wasserfall rutschte, wo Blut und Wasser ineinanderflossen.

Die Stimme der Therapeutin drang in diese innere Bilderwelt ein. „Ein Wasserfall ist doch etwas Schönes", wiederholte sie. „Was war eben mit ihnen? Sie haben gequält gewirkt."

Nadja versuchte zu erzählen. „Ich muss im vorigen Leben bei einem Wasserfall gestorben sein."
„Soso", meinte ihr Gegenüber. „Kann es nicht eher sein, dass sie Angst vor Sexualität haben?"
Nadja richtete sich am Sofa auf, stellte die Beine auf den Boden und zog ihre Schuhe wieder an. „Ich hatte einen Flashback mit Bildern von Hinterhalt und meiner Angst, diesen Menschen erneut zu begegnen und sie kommen mir mit ihren ewigen Sexfantasien", fauchte sie die Therapeutin an. „Die ganze Babyboomer-Generation scheint davon besessen zu sein. So wie sie!"
„Ist das nicht bei allen Altersgruppen so?"
„Nein! Für die Jüngeren seid ihr nur peinlich."

Die beklemmenden Szenen, die aus Nadjas Unterbewusstsein aufgeflackert waren, hielten sich die ganze Woche über. Manchmal blieb sie im Büro auf dem Weg in die Kaffeeküche oder zu Hause beim Staubsaugen wie angewurzelt stehen und starrte ins Leere. Wo lag diese Stadt, die ihr so vertraut war? Wer war sie überhaupt gewesen? Mit diesem Umhang. Wie aus einem Theaterfundus. Hatte der Name des Hafens algerisch geklungen? Wo liegen diese steil abfallenden Klippen und die weißen Häuser, die auf dem Felsplateau thronten wie eine Krone?

In der nächsten Sitzung versuchte sie die geheimnisvolle Spur weiterzuverfolgen, aber die Tür der Erinnerung blieb verschlossen. Nadja hatte nur das Bild von sich und dem Kind, in der Luft hängend, und einem Mann, am Boden sitzend und weinend, in ihren Gedanken. Ein Stillleben, das verblasste, bis alles weiß war, eingepackt in dicke Haufenwolken.

„Lassen wir es so stehen und kommen zum Wasser zurück," schlug die Therapeutin vor. „Was können sie erkennen, wenn Sie flussaufwärts weitergehen?"

Oberhalb des Wasserfalls nahm Nadja eine liebliche und beschauliche Landschaft wahr. Der Waldboden war saftigen Wiesen gewichen, die niemand gemäht hatte. Sumpfdotterblumen säumten das Ufer des Baches. Eine unbeschwerte Atmosphäre, vom Schwirren der Insekten, die eifrig nach Nektar suchten und dem vergnüglichen Plätschern des Wassers gesättigt. Dieser Ort kam Nadja bekannt vor. Es sah aus wie die Gegend, wo sie mit ihrem ersten Freund in der Jugendzeit spazieren gegangen war und später mit ihrem Sohn an der Hand nach den Bachforellen sah.

„Gott, war das eine schöne Zeit!"

„Zeichnen sie es bitte", forderte die Psychologin Nadja auf, während sie vom Schreibtisch einen Malblock und Stifte holte. Nadja zögerte. Sie skizzierte den Wasserfall in der linken Ecke des Blattes, die schroffen Felsen, die ihn umringten. Die Mauern der Stadt. Weiter oben Linien, die den Bach darstellten, kleine Striche für Gras, Blumen und Bienen. Dann zeichnete sie zwei Ellipsen, die stehende Gewässer symbolisierten.

„Ich denke die Seen stehen für die Eltern", meinte die Psychologin.

„Hatten Sie eine harmonische Kindheit?"

„Nein, ganz normal. Wie kommen sie darauf?"

„Sie haben Fische und Enten in die Teiche gezeichnet. Es hätten auch Krokodile sein können."

Nadja sah vom Blatt auf und schmunzelte. Sie umkreiste die beiden stehenden Gewässer mit einer Acht, wodurch sie verbunden wurden. An die Stelle dazwischen setzte sie eine Brücke.

„Gehen sie weg von den realen Bildern, hin zu den inneren", riet die Psychologin ihrer Klientin, die den Kugelschreiber gedankenverloren in Wellen hin- und herbewegte.
„Der Bach streift die Weiher nur", erklärte Nadja. Sie setzte den Stift an und zeichnete am Papier im linken oberen Bereich einen stark mäandernden breiten Flusslauf ein, der von unzähligen graphitfarbenen Kegeln, wie Wächter in einem Tal, gesäumt war. Sie saß am Sofa im Therapieraum und lächelte zufrieden wie ein Kind, das eine hübsche Zeichnung präsentierte, nachdem sie an den Ursprung dieses Flusses einen Kreis hingesetzt hatte. Rasch füllte sie die runde Form mit einer spiralförmigen Linie aus, die in ein inneres Zentrum mündete.

„Was löst dieses Bild in ihnen aus."
„Ruhe. Stille. Faszination. Es macht mich schläfrig." Nadja gähnte und konnte ihre Augenlider kaum offen halten. Sie streckte sich auf dem Sofa aus.
„Ich weiß nicht einmal, ob ich davon erzählen darf?", flüsterte sie, als sie den türkisfarbenen Fluss, der sich geräuschlos in der bizarren Landschaft fortbewegte vor sich wahrnahm. Die Psychologin beugte sich nach vorne, doch Nadja war eingeschlafen.

Hydros sprach im Traum zu ihr: *Der entzauberte Mensch sieht H_2O, das aufgrund von Gesteinsschichten an die Oberfläche drängt. Sonst nichts. Ein Zufall, eine Laune der Natur. Doch dieser Ursprung folgt einem höheren Prinzip. Wer in der Lage ist, das wahrzunehmen, ist mit allem verbunden. Jene Energie, die das Wasser spiralförmig bewegt, ist der Atem des Lebens. Nennt es Quintessenz, nennt es Magie, Zauber oder Äther.*

Die Psychologin deckte ihre Klientin zu und ging in den Nebenraum, um sich ihrer Buchhaltung zu widmen. Schlafende soll man träumen lassen. Als Nadja zwei Stunden später wieder aufwachte, erinnerte sie sich daran, dass die Quelle sie nach unten gezogen hatte. Tief in den Boden hinein, bis sie an einem anderen Ort auftauchte, wo das Wasser unverhofft an einer Austrittsstelle mitten im Wald hervorquoll und Pools bildete zum Schwimmen. Umringt von Schnee und Eis und verschneiten Tannen, hatten einige Menschen ihre dicken Jacken und Stiefel fallengelassen und glitten in das weiche Thermalwasser hinein, bis nur die Köpfe hervorlugten.
Die Äste der Bäume reagierten auf die Wärme, die aus dem Bach nach oben stieg, und ließen Eiskristalle fallen, die durch die Dampfwolken schwebten.
„Island?“

„Ich glaube nicht". Doch Nadja konnte nicht mit Sicherheit sagen, wo sich dieser Ort befand.

In der nächsten Stunde zeichnete sie an der Landschaft um die Seen weiter. Ein mit Schatten und Licht durchzogener Horizont. Davor saftiges Grün, Blumenwiesen, der Bach, aus dem dunstiger Schimmer aufstieg, dahinter Wäldchen wie Inseln auf Hügelkuppen. Ein Naturraum und ein Kulturraum zugleich, den ihre Vorfahren seit zweitausend Jahren bewohnten, vermutlich sogar länger. Wie sie sich von Generation zu Generation darin voranbewegten, nur manchmal zog es einen weit fort. Die meisten aber blieben und wechselten zwecks Eheschließung oder für den Beruf ins übernächste Dorf. Oder über eine Alm. Oder in die nächstgelegene Stadt. Man kann in alten Taufbüchern nach Namen suchen und die Geschichten aufspüren. Geburtstag. Taufe, Wohnort, manchmal Tätigkeit. Heirat. Kinder. Am Ende verschwinden all die süßen Leben in den Sterbebüchern. Was bleibt, sind die Ruinen, die in der Landschaft stehen und der Müll: Zeit gewordene Menschheitsgeschichte.

Nadja wippte mit dem linken Fuß. Ihre Gedanken glitten zum Regenbogen, den sie am Morgen gesehen hatte, als sie ins Auto gestiegen war. Sie hatte sich gefragt, wie es das Licht bloß anstellte, dass es nicht mit den herabfallenden Wassertropfen einer Regenwand zu Boden fiel, sondern standhaft blieb und durch immer neue Tropfen, die aus den Wolken kullerten, sein weit sichtbares Schauspiel vollzog.

„Was passiert eigentlich mit einem Regentropfen, nachdem die Lichtstrahlen ihn durchbohrt haben?", fragte sie die Therapeutin unvermittelt.

„Sie stellen Fragen wie die Kinder. Sie brechen, was sonst!"

„Das Licht bricht, aber ich frage für die Wassertropfen? Werden sie lebhafter, wenn sie die bunten Lichtimpulse im freien Fall aufnehmen. Hat das schon jemand untersucht?"

Die Therapeutin schüttelte entnervt den Kopf. „Was hat das mit dem Lebensfluss zu tun?" Nadja konnte die Frage nicht beantworten.

„Der Bach streift die Seen nur, hab' ich das schon erwähnt?", fuhr sie fort und versuchte, sich auf das Blatt vor sich zu konzentrieren. Sie fügte eine Schleife, die wie ein großes, schwungvolles „S", in der Landschaft über den Teichen lag, der Skizze hinzu.„Das Gewässer fließt hier rascher, mit einem steileren Gefälle". Nadja konnte den Eingebungen, die sich in ihrem Kopf auftürmten kaum folgen, bis sie sich gedanklich einer Quelle näherte, die von hohen Birken umgeben war. Ihr innerer Blick fiel auf tausende Luftbläschen im Quellbecken, die unaufhörlich nach oben blubberten. Sie nahm auf einem großen

Stein Platz und lauschte den Geräuschen des Wassers, bis ihr die Worte von Hydros in den Sinn kamen: *Es ist jedem anzuraten zum Ursprung zurückzukehren, dort, an jenen Punkt, von dem aus man alle Wege erkennen kann.*

Ein Zaunkönig setzte in diesem Moment in den Baumkronen zum Gesang an, mit lauten, metallisch-schrillen Trillertönen. Dann kamen die hohen, piepsigen Laute aus dem Repertoire der Blaumeise hinzu. Auf der gegenüberliegenden Seite hob eine Amsel weich-melodisch mit ihren schönen Flötennuancen an. Kaum verstummte sie, legte ein Rotkehlchen los mit seinen zittrig-feinen Tönen, die an einen herab plätschernden Bach erinnerten. Es vergingen ein paar Takte und der erste fing wieder von vorne an. Genauso verhielt sich die Melodie der Quelle, wenn die auftreibenden Luftblasen, in kleinen Gruppen, mal dort, mal da, emporsprudelten. Abwechselnd mit kurzen, scharfen Tönen und abgeschlossenen Schnörkeln wie Buchfinken oder dem typischen Hoch-Tief, Hoch-Tief aus dem Repertoire der Kohlmeisen.

„Das muss ich einmal beobachten", reagierte die Therapeutin aufgeschlossen, „wenn ich das nächste Mal aufs Land fahre".
Nadja sah ihr in die Augen und gleichzeitig durch sie hindurch: In Gedanken stand sie mitten im Quellbecken, barfuß, die Hose

hochgekrempelt, herum watend zwischen den aufsteigenden Luftblasen als würde sie etwas suchen. „Ich spüre auch eine ganz andere Energie in mir. Eine dynamische, kraftvolle, eine glasklare, intensive!“ Nadja fasste sich an die Schläfen, presste die Augenlider fest zusammen und runzelte die Stirn. Keine Idee, wo diese Quelle lag. Sie stand auf und ging im Raum umher wie auf einer Wanderung.

„Es fühlt sich so an, als wäre dieser Ursprung versteckt im Wald gelegen. Umgeben von Nadelbäumen und lichten Stellen, durch die Sonnenstrahlen auf das hervor sprudelnde Wasser fallen. Ein unberührtes Gelände bedeckt mit Moos und niedrigen Pflanzen und mit Ästen, die niemand weggetragen hat.“ Nadja holte tief Luft, als stünde sie mitten im Wald, dann wandte sie sich ihrer Zeichnung zu.

Die eine Quelle, Yin, verspielt plätschernd wie ein Vogelkonzert auf einer Wiese gelegen, die andere, Yang, voller Energie und Ausdrucksstärke, die mitten im Wald entspringt. Diese zwei Urquellen wären unterirdisch verbunden, meinte sie. Die dritte Quelle surreal, wie aus einer anderen Welt, aus der die Inspiration in die Gedanken fließt. Die Therapeutin starrte auf die Linien und Striche auf dem Papier und nickte zustimmend. Ihr fiel ins Auge, dass der Weg bei den

Teichen seinen Anfang nahm und nicht bei den drei Ursprüngen, die darüber lagen.
„Ja, aber nun, wo sie ihre inneren Quellen kennen, sollten sie wieder weitergehen. Hinein, in den Fluss des Lebens", drängte sie.

„Nein", sagte Nadja. Alles in ihr sprach ein deutliches „Nein!" Sie hörte tiefer in sich hinein und nahm eine Geräuschkulisse wahr, die ihr vertraut erschien: Vögel, die sich etwas zu erzählen hatten, die Rufe einer Kuh, die ihr Kalb vermisste, ein Segelflugzeug, das sich durch den Luftraum quälte. Das Gezanke von Eheleuten in der Ferne, das nach einer Weile wieder in Lachen überging. Nadjas Gedanken blieben bei der nährenden Wärme von spätsommerlicher Sonne hängen, beim klingenden Geräusch von Blattwerk, in die ein Windstoß gefahren war, das langsam abklang, bis der Wind erneut seinen Atem durch die Baumkronen schickte. Sie hatte die tiefen Töne sattgrüner Blätter eines Bergahorns im Kopf und die zierlichen Klänge, die gefiedertes Eschenlaub anschlägt, wenn der Wind es streift. Nadja dachte an das Schnurren von Katzen, die ihre Pfoten von sich streckten und an die weichen Haare ihres Sohnes, der seinen Kopf auf ihren Bauch gelegt hatte, um sich kraulen zu lassen wie ein Kater.

„Nein, ich bleibe hier", stellte Nadja fest, „Ich brauche Zeit, um mich zu sammeln. Zeit, um weiteren Quellen nachzuspüren."

Sie legte ihre Schreibutensilien auf den Boden, setzte sich am Sofa aufrecht hin, streckte ihren Hals und massierte die schmerzenden Stellen im Nacken.
„Ferien bis Ende Oktober, das ist es, was uns guttäte". Nadja nickte, um sich selbst darin zu bestätigen, dass sie richtig lag: „Ein Buch lesen und erbauliche Gedanken aufnehmen. Einen schönen Satz pro Tag in Erinnerung behalten und wenn es Zeit ist, weiterziehen in Richtung Süden oder auch nicht."

„Haben sie einen solchen Satz bereit für mich, an den man sich erinnern sollte?", fragte die Therapeutin.
Nadja überlegte nicht lange:
„Die Liebe hat an meinem Geist gerüttelt, wie der Wind an den Eichen auf den Bergen."
„Sehr poetisch".
„Von Sappho!"
Die Therapeutin überlegte und antwortete mit einem knappen „Nie gelesen!"

Ihr Blick fiel auf Nadjas gerade geschnittenes Kleid, unter dem sich der Körper abzeichnete. Eine zierliche Frau, Brust und Taille schienen circa den gleichen Umfang zu haben. Sie erinnerte sie an eine französische Schauspielerin, aber ihr fiel der Name nicht ein.

„Was ist mit Sexualität in diesem Zustand, so nah an den inneren Quellen“, hakte sie vorsichtig nach.
„Ein Wunder, dass sie so lange nicht danach gefragt haben. In meinem Leben hat das erst dann Bedeutung, wenn alles andere stimmt. Will heißen: in meiner Bedürfnispyramide steht Sexualität nicht unten, sondern ganz oben“.
„Sie sind kein normaler Mensch. Gell?“, entkam es der Psychologin.
Ihre Klientin lachte herzhaft.
„Das gehört doch zu den Grundbedürfnissen, was gibt es da zu lachen!“
Nadjas Magen knurrte hörbar: „Nein, Essen gehört zu den Grundbedürfnissen!“
„Ja, bei ihnen wundert es mich nicht, dass ...“

Sie wurden unterbrochen. Es klopfte. Eine junge Frau schaute zur Tür herein.
„Entschuldigen Sie, ich warte schon seit 30 Minuten“, sagte sie zögernd im Stile einer ängstlich-vermeidenden Person.
Die Therapeutin erschrak. Es war ihr lange nicht passiert, die Zeit völlig übersehen zu haben. Sie entschuldigte sich und schlug vor, das Gespräch am nächsten Tag fortzusetzen. So sollte man das nicht eine Woche lang im Raum stehen lassen.

„Was wundertSie ...", fragte Nadja beim Verlassen der Praxis.
„Ach ja, dass sie nicht auch noch von Luftnahrung leben".

Am Abend schlug das Wetter um. Die Vögel auf dem Hollerbusch im Hof zirpten weiter, bis sie vom gleichmäßigen Geräusch der herabfallenden Tropfen einschliefen, so wie Nadjas Sohn auf dem Sofa. Hinter den Bergen am Stadtrand, die vom Dachfenster aus zu erspähen waren, ging ein Gewitter nieder. Es ließ sich am Wetterleuchten deutlich ausmachen, doch es kam nicht näher.

„Wie poetisch der Regen sich fallen lasst, auf das Blätterdach der Veranda", schrieb Nadja in ihr Tagebuch. Bis spät in die Nacht prasselten die Regentropfen aufs Dachfenster in ihrem Zimmer. Im Traum kehrte sie barfuß, im Nachthemd, zur Wiese zurück, die sich über den oberen Teil ihrer Zeichnung erstreckte. Sie betrachtete saftige Grashalme und üppig-grüne Kleeblätter, dicke Stängel von Spitzwegerich und kleine gelbe Blüten von Löwenzahn, der im Spätsommer zum zweiten Mal erblühte. Ein Rascheln im Gras weckte ihre Aufmerksamkeit und sie warf einen Blick über ihre rechte Schulter hinweg, auf die sie ihre linke Hand gelegt hatte, wie zum Trost. Nadja hatte nicht bemerkt, dass ein Mann in der Wiese neben ihr Platz genommen hatte. Er rutschte näher heran, verschränkte seine Finger mit den ihren und zeichnete mit dem Daumen Kreise auf die Haut.

„Das Gras ist hoch geworden“, sagte er nach einer Weile.
„Ja. Wollen wir so sesshaft werden wie die Grashalme und uns vom Wasser aus dem Erdreich nähren und uns im Regen, der vom Himmel fällt, duschen?“
„Wie schön du Erdreich sagst“, meinte er.

Nadja betrachtete den Mann aus der Nähe. „Du siehst aus wie Lónið“, stellte sie fest.
Das Lachen kullerte aus ihm hervor wie glucksende Luftblasen aus einem tiefen Brunnen.
„Lónið!, wiederholte er und neigte den Kopf zur Seite.
Nadja sah ihn fragend an. „Erinnerst du dich nicht mehr an mich?“
Er ignorierte die Frage, rückte näher an sie heran und flüsterte ihr zu: „Jedenfalls kenne ich einen anderen Weg als Werden, Sein, Vergehen.“
„Das ist meine Hoffnung. Deshalb bin ich hier. Weißt du, wie es geht?“

Er grinste verschmitzt: „Du brauchst mich also doch?“
„Ich hatte Angst du könntest hässlich sein“, sagte sie scherzend, „aber jetzt, wo ich dich sehe.“
Der Mann lachte, richtete sich auf und zog sein Hemd aus. Dann nahm er ihre Hand und zog sie vom Boden hoch bis sie

auf Zehenspitzen stand. Sie tanzten leichtfüßig in fließenden Bewegungen über die Wiese. Er vollführte eine elegante Drehung von ihr weg, setzte zu einigen Sprüngen an, umfasste ihre Hüfte, trug sie ein Stück weit und stellte sich dicht hinter sie.

„Komm aus dem Käfig deiner Gedankenwelt heraus, du kannst mir vertrauen!", sagte der Mann eindringlich. Er erzählte von Verbindungen aus einer anderen Welt, die wie Taue vom Himmel baumelten, für diejenigen, die sie sehen. Man müsse den richtigen Augenblick abwarten. Nadja solle etwas Anlauf nehmen und springen. Direkt auf ihn zu, ihre Arme um seine Schultern gleiten lassen, sich an seinen Körper schmiegen. Er würde eine Hand um ihre Taille legen, damit sie im Flug verschmelzen, bis sie sanft landeten. Alles sei durchdacht für diese Reise.
„Wie willst du uns beide mit einem Arm halten?", fragte Nadja ungläubig.

„Warum zögern Sie", mischte sich die Psychologin in den Traum ein. „Bei einem Mann, der so bodenständig ist und so selbstbewusst."
Womöglich sei er ein Narzisst, der in Frauen Muttergefühle auslöst, ein Energievampir, ein Schwindler, ein Draufgänger, ein Mitläufer, der ein Abenteuer sucht, ein Stimmenfänger. Mamas Liebling, der

die emotionalen Register zieht, je nach seinen Launen. Ein Business man mit Hintergedanken? Alles schon gesehen.
War ihm nicht zu trauen? Nadja wälzte sich im Bett hin und her. Im Traum hörte sie seine sanfte Stimme: „Es geht los!"
Sie überlegte nicht lange, hielt kurz inne, um Kraft zu sammeln, und rannte auf ihn zu, die Arme weit ausgebreitet.

Am nächsten Morgen begab sie sich zu Fuß auf den Weg in die Praxis. Eingehüllt wie in eine Cumuluswolke, die Schönwetter verkündete, fühlte sie sich. Ein weißes flockiges Wesen, das sich durch die Straßen der Stadt bewegte. Die Passanten gingen an ihr vorbei, als wäre sie unsichtbar. Nur die Kinder sahen Gesichter und Gestalten an ihr, Hunde mit langen Ohren oder den Kampf der Titanen in ihren Haaren. Sie drehten sich um und winkten ihr zu.

Nadja verspätete sich. Auf dem Sessel, im vereinbarten Winkel von der Couch entfernt, wartete die Psychologin und tippte in flottem Tempo mit dem Fuß auf den Teppich. Ihre Klientin öffnete die Tür, ohne anzuklopfen, und die Überraschung war ihr ins Gesicht geschrieben, als die Therapeutin zur Begrüßung mit einer weit ausladenden Bewegung der Arme aufstand und mit theatralischer Stimme sprach: „Doch ich sage, schön ist der oder die, die man liebt. Mit aller Liebe!"

Nadja blieb abrupt stehen: „Wow, sie haben Sappho gelesen! Wie schön. Vielleicht werden Sie doch noch romantisch?"
„Ich glaube nicht. Mir gefiel nur der Gedanke."

Die Therapeutin schlug ihre Notizen auf. Sie hatte Nadjas Geschichte am Vorabend mit ihrer Supervisorin diskutiert, aus rein wissenschaftlichem Interesse, wie man so sagt. Es gibt nicht viele Klienten, die einen so intensiven Zugang zu inneren Prozessen haben. Die meisten landen auf der Couch, um Verletzungen aus ihrer Kindheit zu heilen oder über Prägungen, Glaubenssätze und ihren Platz in der Gesellschaft zu sprechen. Das kam bei Nadja quasi nicht vor. Sie erschien eher wie eine Reisende durch Raum und Zeit, die nach fehlenden Puzzlestücken in einer großen Geschichte suchte. Die Therapeutin versuchte daher, bei der Wiese anzuknüpfen.
Nadja nahm die Zeichnung zur Hand: „Das Seltsame ist, dass ich gar nicht sagen kann, wo ich bin. Die Quellen erscheinen kleiner und kleiner."
„Sind sie endlich in den Fluss des Lebens eingestiegen", frohlockte die Psychologin und war nahe daran, die Hände über dem Kopf zusammenzuschlagen, hätte Nadja sie nicht unterbrochen: „Nein, ich bin weit weg. Die Quelle erscheint mir wie ein Tropfen Wasser! Kennen sie diese Bilder aus Flugzeugen? Das sehe ich vor mir."

Nadja lächelte zufrieden. Der Zustand des Schwebens aus dem Traum der letzten Nacht hielt an: Sie hatte die Landschaft betrachtet, von oben. Berge, Flüsse, Seen, weite Ebenen und Wüsten, Sümpfe und Meere ausgemacht. Und das große Wesen Luft beobachtet, wie es sich abmühte, um alles auszugleichen, Tag für Tag: Wasserdampf aufnehmen, Wolken verschieben, dicke Tropfen durchlassen, Wärme ausgleichen, Sonnenlicht streuen, Luftfeuchtigkeit regulieren.
„Ich muss sagen, ich habe mich mit diesem Luftikus angefreundet und schätze ihn mehr denn je. Ein eifriges Wesen, man darf sich nicht wundern, dass er manchmal über die Stränge schlägt und Wirbel macht wie ein Betrunkener in einer Westernbar."

„Warten Sie!" Die Psychologin ereilte ein Geistesblitz, sie schnippte mit den Fingern. „Ich hab's", sagte sie und deutete mit dem Zeigefinger auf ihre Klientin.
„Diese Wolkensache, davon hatten sie bei ihrem Flashback", sie schnalzte erneut mit den Fingern „na, bei der Sache vom Wasserfall, erzählt".
„Soweit ich mich erinnere, sagten sie, sie befänden sich in der Luft und alles wurde weiß um sie."
„Ja und?"
„Das ist der Zeitpunkt, um mit den Tätern abzurechnen".

Nadja hatte die Szene aus der Vergangenheit von oben betrachten können. Am Ende war die Marktschreierin diejenige gewesen, die in die Schlucht gestürzt war, nachdem der Possenreißer Nadja in letzter Sekunde zurück auf den Weg gezogen hatte. Das gestohlene Zicklein hatte sich vor Schrecken losgerissen und der Alten einen kräftigen Tritt verpasst, wodurch diese das Gleichgewicht verloren hatte. Weg war sie. Nadjas Umhang war das Letzte, das sie erhaschen konnte. Das Tuch schwebte in die Schlucht hinterher, um sie zu bedecken.

Bitter war im Nachhinein nur die Geschichte mit dem Reiter, Nadjas Geliebten aus dem früheren Leben: „Ich denke, er kam nicht zurück, um mich abzuholen und auf eine fröhliche Insel über den Atlantik zu reisen. Das fahrende Volk, dem er angehörte, hatte nicht die Absicht, mich mitzunehmen in ihre Welt. Ich glaube, er wollte nur mein Pferd verkaufen."

„Enttäuscht?"

Nadja atmete schwer, sie strich sich mit der Hand über die Stirn und durch die Haare und sah der Psychologin dabei in die Augen:

„Es ist nur das Ende einer Täuschung. Ich wollte es entweder aus Kummer lange nicht sehen oder konnte es durch den erlittenen Schock nicht klar erkennen. Schade, um die verlorenen Jahre".

„Dann ist ja zumindest das Drama um den Wasserfall geklärt, nur weinen sollten sie vielleicht einmal, um von den Wolken wieder herabzusteigen, gell!" Die Psychologin war aufgestanden und streckte sich. Sie sah auf die Uhr und hörte die Ermahnungen von Hydros nicht, der aus der spiralförmigen türkisen Quelle heraus das Wort ergriff: *Zahllose Bemühungen stecken im Projekt „Menschheit", es wäre schade, wenn es bald zu Ende ginge. Was haben die Erdenbewohner in ihrer Evolution gesehen, erlebt und gelernt? Vieles haben sie versucht, verworfen, zerstört und wieder aufgenommen. Doch was zählt, ist das In-Between. Es ist wie in einer Liebesgeschichte. Was bleibt, ist nicht das Happy End, sondern die Erinnerung an den Beginn und das Beste dazwischen. Wozu weinen? Weint nicht der Himmel schon genug, wenn er seine Wolken auswringt?*

Die Cumuluswolke löste sich langsam auf. Ein kalter Luftzug kam durch das offene Fenster hereingeweht und Nadja wurde von Luftikus nach dem Tanz durch die Lüfte vorsichtig in einem Blatt abgesetzt: Sie fühlte sich wie ein perlender Tautropfen in einem schimmernden Frauenmantel, der sich mit dem kristallklaren Wasser aus den Spitzen seiner Blattzähnchen vermischte.
Für einen Moment kam die Angst auf, das Blattwerk der Heilpflanze wäre nicht fähig, sie zu halten, und sie würde den Stiel entlang hinabgleiten, in die Erde hinein, die alles Wasser gierig einsaugt.

Schicht für Schicht bis zum Erdmittelpunkt, dort wo es kein Verdunsten, kein Entkommen gab und sie selbst wäre eingeschlossen in die Kristallstrukturen des Diamanten, der den Planeten im Zentrum zusammenhält. Doch das Blatt der Pflanze hielt sie fest umschlungen, in seinem silbrigen Schein und durchdrang jede Zelle. Ein frohes Beisammensein von einer Trilliarde tanzender Moleküle. Glückselige Gesellen, die den Augenblick genießen.

„Sie wollen doch nicht behaupten, dass sie sich gerade mit einem Molekül identifizieren?" Die Therapeutin schien von Bewusstseinszuständen, die dem Verdunsten oder der Taubildung glichen, wenig begeistert.
Nadja fand nichts Verwerfliches daran. Wassermoleküle würden untereinander kommunizieren, sich austauschen, sich gemeinsam bewegen. Sie lösten sich in Luft auf, sie erstarrten, strömten in Richtung Meer, sie nähmen Informationen auf, reinigten sich selbst und tanzten gerne.

„Wir sind aber Menschen, wir sind verwurzelt", unterbrach die Psychologin ihre Ausführungen, „wir heben nicht ab".

Nadja fuhr mit der Hand über die grobe Struktur des Bezuges vom Sofa. Es war ihr vertraut geworden. Eine zweite Haut, eine rauere.

Dann äffte sie ihr Gegenüber nach: „Sie identifizieren sich hoffentlich nicht mit einem Baum. Wir müssen schon in der Realität bleiben, gell! Gell!", wiederholte sie mit schriller Stimme.
Die Therapeutin warf ihr einen erbosten Blick zu. Sie war aufgestanden und hatte sich ans Fensterbrett gelehnt und beobachte einen Mann auf dem Balkon gegenüber. Er gefiel ihr. „Herrlich normal", hätte sie ihn ihrer besten Freundin, die sie aus der Studienzeit kannte, beschrieben. Nicht mehr der Jüngste. Ein bisschen Bauch, aber schlank, dünne Arme. Ein wenig hilflos, wie er die Klamotten auf den Wäscheständer verfrachtete, und sicher leicht zu haben für eine Nacht. Ihr Mann hätte nichts dagegen.

„Und, was ist jetzt besser, bitte?", fragte sie gelangweilt und drehte sich nach Nadja um. Doch auf der verlassenen Couch lagen nur Geldscheine und ein Zettel, auf dem geschrieben stand:
Alles!
Alles neu.
Alles endlos und weit.

#

Nadja stand auf der Plattform und deutete mit der Hand in die Ferne. „Dort drüben muss früher die Freiheitsstatue gestanden haben", erklärte sie ihrem Sohn Elias. Bilbao war in der Gegend bis fast auf den Grund hinuntergetaucht, doch es war nur noch der Sockel zu sehen. Das ist es, was die Technokraten aufs Spiel gesetzt hatten: die Freiheit aller. Aus Angst vor dem Tod, aus Angst, die Kontrolle über Andere zu verlieren, aus Herrschsucht und Böswilligkeit in Zeiten einer langen Pandemie, der letztlich der Mond mit Flutwellen, die er allerorts auslöste, ein Ende setzte.

Nadja nahm ihren Sohn in den Arm. Endlich waren sie sicher. Elias sah sie dankbar an. Sie hatten sich nicht manipulieren lassen und im richtigen Moment den Absprung geschafft, ehe die Technokraten in die Berge ausschwirren konnten, um jedem Menschen eine digitale Identität samt Medikation aufzuzwingen, mit der unterschwelligen Botschaft, man sei in Gefahr.

Die Nächte gehörten stets den Geschichten. Sie erzählten von den Erlebnissen und den Gefühlen von jedem einzelnen Wesen und von jedem Tag, der jemals gewesen war. Die Geschichten glichen einander, aber sie waren niemals gleich. Millionen, Abermillionen davon ließen sich schnell ins Gedächtnis rufen. Doch nicht aus den Datenmengen, die von den Technokraten in der letzten Phase ihres Seins wie besessen gesammelt, und später, in einer finalen Verzweiflung ins All geschickt wurden, in der Hoffnung, jemand würde sie verstehen. Nein, die Erinnerungen waren im Wasser gespeichert,

dort waren sie immer schon gewesen. Jede Emotion, jede Handlung setzte sich in den Nanobubbles der Wassertropfen fest und wer innig davon kostete, dem öffneten sich die Lippen und die Geschichten sprudelten in all ihrer Lebendigkeit hervor.
Das ganze 59. Stockwerk im Hochhaus war mit chiquen Sofas aus den ehemaligen Büros der unteren Etagen, mit Decken und Kissen ausgelegt. Die Türen standen offen. Die Vorhänge zwischen den Räumen bewegten sich, als hätten sie ein Eigenleben.

Aquilea ließ sich in einem frei stehenden, cognacbraunen Lesesessel aus Leder, der einem Ei glich, nieder. Sie benetzte ihre Lippen und begann zu erzählen:

Sie habe eine Maid der 70er Jahre aus dem vorigen Jahrhundert vor sich, wie sie mit ihren Eltern auf ein Schiff geht.
„Woran erkennst du, dass es zu dieser Zeit war?“, unterbrach sie Bilbao.
Aquilea beschrieb die Kleidung. Eine stark gemusterte Bluse mit spitzem Kragen und weit ausgestellte grünen Hosen. Sneakers, die es nur damals gab. „Ich kann mich in das Mädchen hineinversetzen“, erklärte Aquilea. Es fühlt sich so an, als wäre ich das gewesen. Das Gewässer, fast so groß wie das Meer, aber angenehm besonnen in seiner Art. Nur ein Dampfer, der sich mit lautem Gedröhne wie ein

Elefant von seinem Ankerplatz löst, sich seinen Weg durch das Wasser pflügend, verursacht eine Aufgeregtheit, die sie erschrecken lässt. Der See hingegen trägt sie alle wie ein freundlicher Herr: die Schiffe von A nach B, die Wassersportler kreuz und quer, die Schwimmenden und die Wasservögel am Ufer entlang.

Aquilea zog einen Hocker, der zum Lesesessel gehörte, näher und legte ihre Beine darauf. „Die Erinnerung hört hier auf", sagte sie. Sie betrachtete den Wassertropfen auf ihrer Hand als würde sie in eine Glaskugel sehen.

„Bin ich das?", sagte sie erstaunt. Sie sah sich selbst mit etwa 18 Jahren während einer Zugfahrt, entlang des Wörthersees. Ihre Stimme klang nun anders. Bilbao sah sie verschmitzt an und fragte nicht nach, wo dieser See liegt. Er hatte den Namen nie gehört. Aquilea sah ihn keck an.

Der Wörthersee ist ein Mann

„Oh, ja," fuhr sie fort. Er blinzelte mit seinen blauen Augen, in denen ein Glitzern lag, das nicht von dieser Welt stammte. Ich war in heller Aufregung, sofort in seinen Bann gezogen, außerstande, den Blick von ihm abzuwenden. Auf Zehenspitzen stehend, klebte ich an der

Fensterscheibe, um ihn genauer zu betrachten. Frech kam er mir vor, wie er da lag. Selbstbewusst und lässig linste er hinter Büschen und Bäumen hervor und zeigte ab und an ein Stück seiner Figur, aber nicht alles, wodurch er umso anziehender erschien. Am liebsten hätte ich die Notbremse im Schnellzug gezogen, wäre über die Felder hinweg zu ihm gelaufen, mitten hinein. Ich wagte es nicht und ließ mich mit einem Seufzer in die Sitzbank fallen, als er an der Bahnstrecke nicht mehr zu erspähen war.

Der Wörthersee ist ein gut aussehender Mann, keine Frage. Eine zeitlose Schönheit, ein Brad Pitt sozusagen. Und er ist berühmt, was gewisse Probleme mit sich bringt. Es gibt zu viele, die sich ihm an den Hals werfen. Die Einen erkaufen sich ihren Platz an seiner Seite und bauen Zäune und Hürden. In egoistischer Manier sind sie darauf aus, die Intimität an und mit ihm alleine zu genießen. Das Volk ärgert sich. Andere probieren es mit Prominenz und schmücken sich mit seinen wasserfarbigen Federn. Aber bitte, neben ihm verblassen sie alle zu Nebendarstellern und Statisten. Der Star, da gibt es keine Zweifel, ist immer der See selbst. Ebendeswegen kommt man so schwer an ihn heran. Es sei denn in Strandbäder gepfercht, die zahlende Masse. Junge Menschen, die wir waren, suchten lieber freie Seezugänge auf, wo man sich das Eintrittsgeld ersparte, und im Gegenzug in unmittelbarer Nähe zu einer Unterführung, an einem

Radweg oder an einer Böschung zu sonnenbaden hatte. Ich gewann rasch den Eindruck, dass der Wörthersee an jenen Plätzen zwar genauso anwesend war, doch er beachtete uns kaum in den hinteren Reihen. So kam meine Freundin im jugendlichen Überschwang auf die Idee, uns zu nachtschlafender Zeit an sein Ufer zu schleichen. Nachts, meinte sie, käme man besser an ihn ran.

Wie er da lag, vor mir, im Finsteren und glucksende Geräusche von sich gab. Ein Flüstern, von dem man nur erahnen konnte, was es zu bedeuten hatte. In der Dunkelheit war er von Grund auf ein Anderer als bei Tag. Tiefes Nachtblau, wo ihn das Mondlicht streifte, doch an den meisten Stellen stockdunkel wie geschlossene Augen, denen kein Leuchten entkam.
„Komm rein", rief die Freundin, die sich nackt in seine Fluten geworfen hatte.
Ich sagte: „Nein! Siehst du nicht, er schaut. Er glotzt unentwegt und keucht wie einer, dem die Luft wegbleibt." „Der Wörthersee ist ein Mann", rief ich laut, „ich schwöre es, er guckt mich an."
Sie verstand nicht und lief schreiend ans Ufer, weil sie eine Boje für den Kopf einer im See treibenden Leiche hielt. Ich zog das Kleid wieder an und ließ die Füße im Wasser baumeln. Er küsste sie in sanften Wellen.

Die Freundin schwärmte ab diesem Zeitpunkt eher für den Faaker See. Er wäre überschaubarer, weniger überlaufen und läge so behütet, und außerdem, sei seine Farbe genauso türkis, wenn nicht schöner, meinte sie. Ich hörte mir das an, pflichtete ihr grübelnd bei und sagte dann: „Aber".

„Aber?"

„Er ist kein Mann, der Faaker See hat ein weibliches Wesen!"

Nach Jahren in der Ferne kehrte ich eines Tages im Spätsommer zum Wörthersee zurück. Auf der Brücke zur Blumeninsel hielt ich inne und sah ihn mir aus der Nähe an. Das Blau in all seinen Schattierungen, ungetrübt bis zum Ufer hin, das leuchtende Türkis, das weiter draußen ins Dunkelblaue überfloss. Dann ließ ich mich unter den Pappeln nieder, deren Kronen wie Cocktailschirmchen in der Sonne glänzten und ein helles, klirrendes Geräusch von sich gaben. Sie sangen ein Abschiedslied. Bald wurden sie gefällt. Zu alt. Bäume vergehen wie die Sommer. Nur der Wörthersee bleibt jung.

Wenn die Außentemperaturen kühler werden, hält er die Wärme noch lange fest. Sich in den See zu begeben, war an diesem Tag wie zu einem wartenden Mann unter die körperwarme Bettdecke zu schlüpfen. Der Wörthersee schmiegte sich weich an meinen Körper und streifte mit kreisenden Bewegungen über die Gelenke, liebkoste im Schwimmen jeden Zentimeter meiner Haut.

In der Luft lag ein Rest von Sommerfrische, die um zwei, drei Wochen Verlängerung flehte. Wen lockt es da zurück an Land, wo Gänsehaut und Frösteln lauern? Lieber das wohlige Gefühl von Einheit und Seelenverwandtschaft bewahren. Mit ihm spazieren schwimmen, seinen Erzählungen und Legenden lauschen und Fragen stellen, seien es womöglich ganz banale.

„Woher kommst du eigentlich?“, erkundigte ich mich vorsichtig.
„Aus den Bergen herunter“, behauptete er, „auch vom Himmel herab, und aus dem Inneren heraus.“
„Soso. Und wie bist du dorthin gelangt?“
„Das ist eine lange Geschichte“, plätscherte es daraufhin aus ihm hervor.
Die einzelnen Wassertropfen sind die Zellen, aus dem sich sein Körper formte. Sie sind Haut, Organe und Knochen in einem. Wenn ein Mensch zu 70 Prozent aus Wasser besteht, ist es absolut logisch, dass der Wörthersee umgekehrt zu 70 Prozent ein Mann ist, kam es mir in den Sinn, nachdem ich eine Weile in seine Sprache hineinhorchte. Der Zeitpunkt war gekommen, um seine Ecken und Kanten besser kennenzulernen. Es tauchen neue Seiten eines Wesens auf, jene, die im Verborgenen schlummern, ist die Fangemeinde erst einmal von Dannen gezogen.

Nichts mitbekommen von der Welt da draußen.

Schlafen im See.

Ich würde bei ihm sein, bei diesem Sonnyboy unter den Gewässern, selbst wenn Traurigkeit und Melancholie an einem trüben Herbsttag an die Oberfläche kämen.

So malte ich es mir aus. Mich treiben lassen oder ihm dabei zusehen, wie er unermüdlich gegen eine Mauer aus Steinen schlug, die ihn begrenzte und einengte, wohl wissend, dass er eines Tages gewinnen würde, nicht sie.

Langsam wurde ich eine Andere mit ihm: ein Fisch mit langen Haaren. Tauchte an den Kieselsteinen vorbei, in eine Finsternis hinab und tastete wie mit verbundenen Augen den Seegrund ab.

In sternklaren Nächten sah ich die Welt aus seiner Perspektive, durch das ungetrübte Wasser hindurch, aus dem die Luftbläschen im Rhythmus meines Atems emporstiegen.

Der Himmel schien so nah, als schlösse er unmittelbar an den See an. Nichts dazwischen. Kein Terrain, kein Mensch, der dem Wörthersee den Rücken zugedreht, Selfies machte.

Ich blieb also weiterhin mit ihm zusammen, sogar zu jener Zeit, als die Uferbereiche Eis ansetzten, in dem sich Wolkenberge spiegelten und dürres Schilf im Abendschein. An manchen Tagen war nur schwerer Nebel da, der wie einst der Eiszeitgletscher auf der Landschaft lastete. Am Ufer, auf einem Spazierweg, ein älteres Paar, das mit eingezogenen Köpfen und eiligen Schrittes ihren Hund Gassi führte.

Kein einziger Paparazzo hinter ihm her. So sah niemand, dass er mich am helllichten Tag in einem Sog bis an seine Quellen zog, die aus dem Erdinneren hervorsprudelten. Dort unten befand sich eine Höhle, die kein menschliches Wesen je erforscht hatte.
Ein Wohnsalon mit Moosen an Wand und Boden, versteinerten Baumstämmen in Gestalt von Möbeln und fluoreszierenden Wasserpflanzen, die als bewegliche Lampen dienten. Er nahm meine Hand und schleuste uns durch geheime Gänge, bis wir am anderen Ende der Welt wieder auftauchten im lauwarmen Nass, das von einem kleinen Wasserfall herab auf uns fiel. Voller Neugier sah ich mich um. Wir waren in einem natürlichen Swimmingpool gelandet, umgeben von Palmen, Obstbäumen und Orchideen, die bis an den Rand reichten.

Es erschien mir alles wie in einem Tagtraum, denn einen Augenblick später saß ich bei Maria Loretto in einem schaukelnden Boot, mit Frangibani-Blüten im Schoß und einer Kokosnuss in der Hand, die mit Rum, Limettensaft und Honig gefüllt war. Der Wind fuhr in den See hinein und schlug kleine Wellen, die an zerzaustes Haar erinnerten.

Vom Ende des Lendkanals her stachen neue Boote in See. Ein Stand-up-Paddler trieb einsam dem Schilf zu. Er drehte sich um, ob niemand ihm auf den Fersen war. Mein Blick eilte ihm hinterher, bis er an der nahen Biegung im von Bäumen umsäumten Bachlauf verschwand. Hier also lag sein Hide-away, der geheime Platz zum Verschwinden, von dem er gesprochen hatte. Mit Wehmut rieb ich seine Wassertropfen, die sich auf meiner Schulter gehalten hatten, in die Haut ein und schaute mit einem Lächeln in das türkise, hellblaue, grünlich-dunkelblaue Wasser, das vor mir lag.

Ein Teil von ihm rann fort, doch ich weinte nicht. Die Bäume der Auenlandschaft standen Spalier. Auf keinem roten Teppich, sondern auf einem grün-blauen, floss er die Sattnitz entlang, bis er in die Glan, dann in die Gurk mündete. Später traf er auf die Drau, die ihn zuverlässig in die Donau geleitete. Mit ihr reiste der See bis ans Schwarze Meer. „Alle Flüsse fließen ins Meer, das Meer wird nicht voll. Zu dem Ort, an dem die Flüsse entspringen, kehren sie zurück, um wieder zu entspringen." So steht es im Buch Kohelet.

Ich legte mich in die Wiese direkt am Ufer und betrachtete die grauen Wolken, die hinter den Bergen aufzogen und sich über den See beugten. Kleine Ungeheuer, vor denen die Menschen hastig in Restaurants, Ferienhäuser und Cafés flohen. Nur ich saß unter einem Regenschirm aus exotischen Blättern und beobachtete ihn wie einen Mann, der sich duschte und dabei sein Gesicht direkt in den Wasserstrahl hielt. Die Tropfen prallten an seinem Antlitz ab und flossen kunstvoll an ihm hinunter. Dann legte sich der Regen. Neues Licht fiel durch die Wolken wie durch alte Fenster. Dicke Regentropfen perlten an ihm ab und man erkannte nicht genau, ob sie vom Himmel gefallen waren oder aus seinen Quellen emporsprudelten. Er schüttelte erneut sein Haar, Wassermoleküle wirbelten durcheinander.

#

Aquilea lächelte. Wie Bilbao, wenn er nach Hause kommt.
„Was geschah danach?", fragte Nadja.
„Ich tanzte. Ich tanzte über die nasse Wiese, die sich wie ein fallen gelassenes, feuchtes Handtuch anfühlte. Ein lauer Luftzug genügte,

um seinen Duft aus ätherischen Ölen von Blättern und Halmen, aufgewühlter Erde, Salz und einer Prise Steinstaub in meine Nase zu wehen. Mit geschlossenen Augen sog ich seine Pheromone ein, den Duft von Süßwasser im Sommer."

Alles Wasser ist weiblich. Die Quellen sind weiblich. Die Flüsse sind weiblich. Und die Seen. Selbst das Meer symbolisiert das Feminine. Nur der Wörthersee ist ein Mann, fasste Hydros zusammen.

„Du sehnst dich nach ihm", flüsterte Bilbao ihr zu.
„Ich wollte dich nicht kränken", antwortete sie. „Es ist nur, wenn wir zurückkehren ins Meer. Für immer. Werden wir die Süße des Regens nur noch spüren, wenn wir auftauchen und den Mund weit öffnen, um ein paar Tropfen aufzunehmen in uns?"

Aquileas Augen füllten sich mit Tränen. Bilbao war an einem Fluss aufgewachsen, der sich durch die Stadt schlängelte und es nicht erwarten konnte, ins Meer zu münden. So erging es ihm auch. Er hatte als Kind den Strand geliebt. Den warmen Sand unter den Füßen. Es war zu lange her, um all dem nachzuhängen. Jetzt waren sie hier. Hauptsache Frieden, sagte er. Aquilea nickte, doch insgeheim wünschte sie sich, der See wäre noch am Leben und Luftikus trüge die Wolken, vollgefüllt mit frischem Nass, zurück an seine Quellen.

Am nächsten Abend kam ein „Freundy“ zu Besuch. Einer jener Menschen, für die das Geschlechtliche keine Rolle mehr spielte, wie bei den meisten die sich in der Stadt im Meer eingefunden hatten. Sie betteten sich auf den Sofas im 60. Floor, um der Geschichten zu lauschen, die Freundy aus einem der Wassertropfen saugte. Sich noch einmal einfühlen in die Ängste, in die Sorgen und Freuden der alten Menschengeneration. Eine quälende Ungewissheit schien in allem eingepflanzt gewesen zu sein. Unsicher war man gewesen, weil man nicht gewusst hatte, woher man kam und weshalb einem genommen werden konnte, was man liebte oder warum man krank wurde oder alt und weshalb die Quellen versiegten oder das Öl nicht nachwuchs, und weshalb, verdammt noch mal, der liebe Gott kein gerechter gewesen war auf dieser sich rasant drehenden Kugel, so voll der Gefahren.

Worum geht es, fragte Aquilea. Das Freundy antwortete: „Um einen Fluss, der verschwunden war“. Es schloss die Augen und begann zu erzählen als wäre es mitten drinnen.

Der verschwundene Fluss

Es war an einem Freitag. Christine Zorn, der Name stammt von der Familie ihres Gatten ab, nicht von ihrem Gemüt – das zu erwähnen ist ihr wichtig – hielt an diesem Morgen den Wagen an, um ihrem Mann mitzuteilen, was sie eben mit eigenen Augen gesehen hatte. Er nahm den Anruf nicht entgegen. Er schlief. Völlig durcheinander fuhr sie ein Stück weiter in Richtung ihrer Arbeitsstelle. Es ließ ihr keine Ruhe, an der nächsten Kreuzung kehrte sie um.

Auf der Brücke kam sie kaum noch an den Autos vorbei, die von den Fahrern achtlos abgestellt worden waren. Eine Menschentraube hatte sich gebildet. Fragende Gesichter, die zuerst auf der einen und dann auf der anderen Seite der Brücke in das Flussbett starrten.

Christine konzentrierte sich auf die Lücken zwischen den Fahrzeugen, den Kopf auf „Nichts, wie nach Hause!“ programmiert, bis sie die Wohnungstür aufriss: „Die Mur ist weg!“, schrie sie ins Vorzimmer. Der blanke Schrecken war ihr ins Gesicht geschrieben.

„Was redest du da? Das kann nicht sein“, antwortete Norbert, der soeben aus der Toilette kam, und sich lieber vom Nachtdienst ausgeschlafen hätte, als so etwas zu hören.
„Doch! Sie ist weg. Schalte den Fernseher ein!“

Sie zappten mitten in eine Nachrichten-Sondersendung hinein. Man sah einen aufgebrachten Reporter, der sich bemühte, nicht die

Fassung zu verlieren. Bilder einer slowenischen Fernsehstation wurden eingespielt, wie der Helikopter dem verschwindenden Fluss, der sich mit rascher Fließgeschwindigkeit aus dem Staub zu machen schien, hinterher flog. Die Mur war ab einem bestimmten Punkt wie abgebrochen. Von dort aus floss kein Wasser nach. Es könnte sich nur noch um Stunden handeln, bis die Mur völlig in der Drau verschwunden sein würde, hieß es.
„Um Gottes willen!", sagte Christine.

Später sah man im Fernsehen eine Drohne flussaufwärts fliegen. Überall bot sich das gleiche Bild: Menschen, die am Ufer standen und ihren Augen nicht trauen konnten. Dort, wo eben noch die Mur gewesen war, eine breite Straße aus Schotter und Sedimenten, in deren Mitte ein Rinnsal floss. Sie suchten nach Erklärungen. Und fanden keine. Hunderte Mobiltelefone filmten das Flussbett und verschickten Videos an Freunde und Familienmitglieder.

Die Angler hatten rasch reagiert und sich organisiert. Sie kamen mit Kübeln, um die Fische einzusammeln, die in den vom Fluss zurückgelassenen Pfützen, um ihr Leben kämpften.

„Ich kann das nicht glauben“, sagte Christine.
Niemand konnte das Verschwinden des Flusses erklären, da dem Phänomen keine Trockenperiode oder sonstige hydrologische Auffälligkeiten vorausgegangen waren. Mit ernsthafter Miene zuckten Politiker die Schultern. Selbst Wasserbeauftragte wirkten ratlos. Nur die Umweltaktivisten zeigten mit den Fingern auf die Murkraftwerke, die wie Mahnmale in einer verlassenen Gegend standen, was nicht ohne Konsequenzen blieb.
Gegen Mittag hieß es in den Medien, das Büro des Kraftwerksbetreibers sei bedroht worden.
Sollte die Mur nicht binnen 24 Stunden wieder dort sein, wo sie hingehörte, dann würde der ganze Laden in die Luft fliegen. Ein empörter Pressesprecher sagte im schrillen Ton „Wir haben nichts damit zu tun!“ Die Reporter nickten, peinlich berührt von seinen Emotionen. „Ich schwöre ihnen, unser Unternehmen hat nichts damit zu tun“, wiederholte er sich. Ganz im Gegenteil: Alle Kraftwerke hätten sofort den Betrieb eingestellt.
Was blieb ihnen Anderes übrig?

Christine und ihr Mann gingen nervös im Wohnzimmer hin und her.
„Lass die Badewanne volllaufen“, kam es ihr in den Sinn und ihre Augen blitzten dabei. So, genau so, kannte Norbert seine Frau.

Immer geistesgegenwärtig, vorausschauend, handlungsbereit. Auf sie war Verlass.
„Natürlich, die Badewanne! Am besten auch die Kübel füllen", antwortete er. Zu Christines Entzücken schlug er vor, zum Baumarkt zu fahren. Kanister kaufen. „Sicher ist sicher", pflichtete sie ihm bei. „Nimm so viele, wie du ins Auto packen kannst."

Die Bürgermeister und Landesvertreterinnen beriefen einen Krisenstab ein. Fast alle sahen betreten aus dem Fenster, nachdem eine Assistentin zu weinen begonnen hatte. So, als sei ein enger Verwandter oder ein beliebter Prominenter verstorben, dabei war sie, ehrlich gesagt, vor drei Jahren das letzte Mal an der Mur spazieren gegangen. Ihr Schluchzen erfüllte den ganzen Sitzungssaal. Man überlegte die gesamte Bevölkerung, rund eine Million Menschen, zu evakuieren. „Und was ist mit den Hunden, Katzen, Kühen und Schweinen, die hier leben?", warf die Assistentin ein und heulte weiter. „Oder mit meinem Freddy?". Gemeint war ihr Hamster. Dann verließ sie den Raum.

Der Grundwasserspiegel sei nach neuesten Messungen im Laufe des Tages ebenfalls drastisch gesunken, ließen die Experten und Expertinnen am späten Nachmittag verlautbaren. Sicherheitshalber erkläre man daher die gesamte Einzugsperipherie des Flusses zum

Katastrophengebiet, denn sämtliche Nebenflüsse der Mur führten innerhalb weniger Stunden ebenfalls viel weniger Wasser. Nur die Andritz lief seelenruhig weiter, was höchstwahrscheinlich damit in Zusammenhang stand, dass es sich um eine Karstquelle handelte. Karstquellen machen, was sie wollen.
„Normal ist das alles nicht", sagte sich Christine selbst. „Da stimmt doch etwas nicht, oder?" Sie hatte in der Zwischenzeit sämtliche Blumenvasen, Kochtöpfe und Kübel, die sie nur finden konnte, bis zum Rand mit Wasser gefüllt.

Norbert war nicht alleine mit seiner Idee gewesen. Das Regal mit den Behältern und Kübeln war fast leergekauft. Er konnte zwei Kunststoffkanister und eine günstige Badewanne ergattern, die sich mit etwas Geschick auf dem Autodach fixieren ließ. Das sei ja schlimmer als die Sache mit dem Klopapier in der Coronakrise, hörte man die Leute schimpfen.
Kaum war die neue Wanne im Wohnzimmer hinter dem Sofa platziert, liefen beide eilig mit Gießkannen zwischen Küche und Badezimmer hin und her wie bei einem Parcourt. Als Christine die Bratpfannen mit Wasser füllen wollte, geschah das, was sie vorausgesehen hatte: Der Wasserstrahl versiegte. In einer Art letzter Verzweiflung klopfte sie auf den Wasserhahn, aus dem im Zeitlupentempo die verbliebenen Tropfen herunterfielen. Norbert rannte in

die Küche. Eine seltsame Stille lag im Raum. Die Ablageflächen voll gestellt mit Gefäßen. Christine nickte, dann schüttelte sie den Kopf und nickte erneut:

„Das ist wie mit einem Lotteriegewinn, verstehst du? Wir dürfen niemandem davon erzählen?“, flüsterte sie verschwörerisch. „Niemandem!“

Der Wasserverbrauch war in der ganzen Stadt derart in die Höhe geschnellt, dass man sich nicht anders zu helfen wusste, als die Hauptleitungen abzudrehen. Man würde um stundenweises Öffnen der Leitungen, beziehungsweise um eine zentrale Verteilung, nicht umhinkommen, hieß es. In den Supermärkten gingen die Hamsterkäufe nach Flaschenwasser los, sodass die Polizei mehrmals einschreiten musste. Ein Verkehrschaos bahnte sich im ganzen Einzugsgebiet des Flusses an, weil weite Teile der Bevölkerung an die Mur gerast waren. Ganz anders die Tiere: Die Schwäne machten sich auf die Suche nach dem Fluss und liefen bis in die Altstädte hinein, zupften sich in Panik die Federn aus oder badeten im Stadtbrunnen.

Verblüffte Säugetiere wie Fischotter und Sumpfbiber ließen sich arglos am Ufer von Passanten fotografieren. Die Wanderratten tauchten ihre Köpfe in Pfützen, in der Hoffnung, niemand würde sie sehen.

So gegen 16 Uhr versammelten sich Zehntausende Grazer am Ufer der Mur, die nicht mehr da war. Eine Kundgebung organisiert von „fridays for future", bei der Umweltschützer eindringliche Reden hielten.

Bevor das Paar losgefahren war, hatte Norbert versehentlich einen Eierbecher umgestoßen. Christine Zorn wurde daraufhin das erste Mal ihrem Namen gerecht. Niemals hätte er gewagt, die kleine Lacke auf dem Parkettboden mit einem Geschirrtuch aufzuwischen. Ehrfürchtig sank er auf die Knie. Mit der Zunge hatte er die verschütteten Tropfen vom Küchenboden geleckt, um seine Frau zu besänftigen. „So schnell können sich die Zeiten ändern", hatte sie gesagt, bevor sie sich auf den Weg zur Kundgebung machten. Allen hier war bewusst, dass es zu spät war: Friday ohne Future. Wildfremde Leute fielen sich in die Arme und weinten. Einige stimmten den „Earth Song" an, so als ob man damit den Fluss zurückbringen könnte.

Greta Thunberg wurde auf einer Leinwand live zugeschaltet. Ihr Blick war vorwurfsvoll, aber sie schwieg und zeigte ein Schild in die Kamera. „Austria. 8 of April. Earth overshoot day!", war darauf zu lesen. Schuldgefühle machten sich in der versammelten Gruppe breit. Christine senkte den Kopf und schämte sich dafür, aus Bequemlichkeit immer seltener die Öffis benutzt zu haben im letzten

Jahr. Na ja, im Grunde seit dem Ende ihrer Studienzeit. Aber hatte das überhaupt etwas mit dem Verschwinden des Flusses zu tun?

Die Bevölkerung wurde angewiesen, Energie zu sparen, weil durch den Ausfall der Wasserkraftwerke ein Zusammenbruch der Stromversorgung drohte. Die Straßenbeleuchtungen wurden auf das Minimum reduziert. Schaufenster-Lichter erloschen. Noch in der Nacht wurde ein Großaufgebot des Militärs in die Region geschickt. Medienleute recherchierten unter Hochdruck weiter. „Ist das jemals schon geschehen?“ „Welche Auswirkungen wird es mittelfristig haben?“ „Wann kommt die Mur zurück?“ Wie sollte man die alten Menschen an neue Begriffe wie „River Piracy“ heranführen?

Ein Experte sagte voraus, dass Graz seinen Berechnungen zufolge, in spätestens fünf Jahren zu einer Wüstenstadt verkommen sein werde, so wie die meisten Städte im Einzugsgebiet des Flusses. Mitgehangen, mitgefangen. Eine Expertin hielt entgegen, dass die Niederschlagsmenge für das Überleben im Katastrophengebiet entscheidend sein werde. Selbst, wenn eine Lösung für die Versorgung mit Trink- und Brauchwasser machbar wäre, und man bezüglich der Abwässer, die derzeit in das leere Flussbett geleitet würden, Abhilfe schaffte, würde man spätestens bei der Lücke in der Stromversorgung „völlig aufgeschmissen“ sein.

Im Fernsehen gab es rund um die Uhr Sondersendungen. Für das Ausfallen eines Flusses gab es keinen Notfallplan.
Der Bundespräsident hielt eine ernste Ansprache an die Nation.
„Die Mur ist weg", sagte er. „Wir alle sind sehr betroffen. Wir stehen vor einer Situation, die wir so noch nie erlebt haben. Ich bitte Sie, die Nerven zu bewahren". Frauen und Kinder sollten in den nächsten Tagen aus dem Katastrophengebiet evakuiert werden.
„Bleiben Sie gelassen", wiederholte er.
Niemand hörte ihm zu. Panik kam auf. Wer die Option hatte, machte sich auf den Weg zu Verwandten, auf den Autobahnen bildeten sich stundenlange Staus. Männer drängelten sich in Busse und schubsten Frauen weg, Kinder wurden beinahe niedergetrampelt. Die bessere Gesellschaft raste mit ihren beweglichen Wertgegenständen an ihre Nebenwohnsitze. Norbert und Christine entschieden sich zu bleiben, um ihren Schatz zu hüten. Norbert legte sich abends auf dem Sofa vor der Badewanne schlafen, wo am besten hörbar war, wenn die Wasserleitungen nachts aufgedreht würden. Vasen und alte Kannen, Erbstücke von Christines Großmutter, die sie aus dem hintersten Winkel im Abstellraum hervorgekramt hatten, standen bereit.
Norbert ließ den Fernseher laufen, wo man den Klimawandel, die Bedeutung der Energiegewinnung aus Wasserkraft und die Auswirkungen auf den Arbeitsmarkt diskutierte, und er schrak jedes Mal

auf, wenn ein Geräusch, das nach Wasser klang, der Flimmerkiste entkam.

Nach ein paar Tagen, die nächste Aufregung: Ein hochrangiger Politiker aus dem Murkrisengremium erschien nicht zur Pressekonferenz. Er ließ über sein Büro ausrichten, dass er für solche Fälle nicht zuständig wäre. Er erwarte sich Verständnis, da er in erster Linie, so wie viele andere, Familienvater sei. Das Wohl seiner Angehörigen habe jetzt Vorrang.

Das wäre wieder typisch, kommentierte Christine und warf dem Konterfei des Mannes, der freundlich vom rechten oberen TV-Bildschirm-Rand lächelte, ihren verächtlichsten Blick zu.

Es täte ihm persönlich leid, außerordentlich leid sogar, dass die Mur verschwunden sei, man möge sich doch bitte sehr an die Stadtregierung wenden.

Norbert hatte es zuvor auf Twitter erfahren. Angeblich sei die Familie schon in der Nacht mit einem Privatjet auf dem Weg zu ihrem Sommersitz in Schweden aufgebrochen, sagte er.

Das Verschwinden des Politikers heizte die Verschwörungstheorien weiter an, die schneller als die Covid-Fantasien aus dem Boden sprossen. Aussagen von zweifelhaften Experten hatten die Runde gemacht, wonach das ganze Einzugsgebiet des Flusses einzustürzen drohe, da eine enorm große unterirdische Höhle entstanden sein müsse, in die das Wasser abstürzte und das Land früher oder später folgen werde. Die Wiesen und Wälder, die Berge und Hügel und mit ihnen das ganze Lebenswerk von Generationen von arbeitsamen Steirern und steirischen Slowenen, die alle im gleichen Boot saßen. Ein Kahn, der aufgrund gelaufen war.

Abwechselnd wurden Bill Gates, eine arabische Herrscherfamilie oder die deutsche Bundesregierung beschuldigt, etwas mit der Sache zu tun zu haben. Eine andere Theorie besagte, dass der Red Bull-Boss ein unterirdisches Labor im Einzugsgebiet des Flusses betreibe und das Wasser abgesaugt hätte, um es in Dosen zu füllen und zu enormen Preisen in wasserarme Länder zu verkaufen.

Christine Zorn glaubte nichts davon. Sie war immer Realistin gewesen. Neuerdings eine zornige, denn die wohlhabenderen Grazer, die entweder geblieben oder wieder in ihre Stadt zurückgekehrt waren, ließen ihre Kontakte spielen und füllten trotz der Wasser-Rationierungen ihre Swimmingpools als es wärmer wurde. Sie hingegen musste entscheiden, welche Pflanzen sie auf der Terrasse noch gießen konnte und welche nicht. Für die Normalbürger war der Wasserbedarf auf 50 Liter pro Tag rationiert. Der Schwarzmarkt blühte. Nachts kamen Burgenländer und verkauften das blaue Gold aus dem Kofferraum ihrer SUVs oder aus Kleinbussen heraus zu horrenden Preisen.

Das Land ohne Fluss war bald zur neuen Normalität geworden. Auf Instagram wurde die gestrandete Murinsel zum beliebtesten Fotomotiv. Wie eine vom Himmel gefallene Raumstation lag sie in der Steinwüstenlandschaft, die einmal die Mur geführt hatte. In Wien ging das Leben weiter, als sei nichts passiert. Die Donau floss munter in die Stadt hinein und wieder hinaus, was einen Kabarettisten veranlasste, einen Song mit dem Titel „Mir is die Mur wurscht", zu veröffentlichen, wofür er auf Social Media einen Shitstorm einkassierte. Es dauerte nicht lange, bis sich die Wirtschaft zu Wort meldete. Eine neu gegründete Wasserversorgungs-Firma roch den Braten und wollte eine Pipeline mit Wasser aus dem Mittelmeer bauen und gleich mit dem Asphaltieren des Flussbettes loslegen. Norbert und Christine ärgerten sich, weil die Kraftwerksbetreiber mit Massenentlassungen drohten, würde der Staat ihnen den entgangenen Profit nicht zu 100 Prozent ersetzen. Sie empörten sich über Forderungen von Firmen, die ihre Anlagen mit Flusswasser gekühlt hatten, und nun für den entstandenen Wasserbeschaffungsaufwand einen Kostenersatz verlangten. Aktionärsversammlungen bestanden auf die Ausschüttung ihrer Dividenden, so wie in allen Krisenzeiten. Wenn schon kein Wasser mehr fließt, darf wenigstens das Geld fließen, lautete ihre Devise, die für hart gesottene Wirtschaftsmenschen plausibel klang, aber Christine die Zornesröte ins Gesicht trieb. Norbert twitterte jeden Tag zu anderen skandalösen Aussagen,

wie beispielsweise, dass Wasser endgültig zu monetarisieren sei. Privat ist privat! Erdöl wäre schließlich auch nie gratis gewesen, oder?
Die Wissenschaft fand diese Diskussionen angesichts der Lage absurd und war sich einig, dass zu 99,9 Prozent der Klimawandel für das Verschwinden des Flusses verantwortlich sei. Außerdem müsse man demnächst mit sintflutartigen Regenfällen rechnen, was die landwirtschaftlichen Flächen zusätzlich belasten würde. Nur „fridays for future" zog unverdrossen durch die Straßen der Stadt, die keine Zukunft mehr hatte, immer noch in der Hoffnung, dass mit Protesten etwas auszurichten wäre.
Viele waren der Verzweiflung nahe, deshalb kam die Leiterin des Kriseninterventionsteams als Stimme der Vernunft ins Spiel. Gelassen berichtete sie von einer beträchtlichen Anzahl Betroffener, die behaupteten, nachts das Rauschen des Flusses zu hören.
Eine weitere Gruppe sah die Mur auf sich zukommen. „Wasser!", hörte man sie rufen. „Wasser!" Sie liefen dem Strom freudig im Flussbett entgegen, aber dann war da nichts. Der Begriff MFM (MurFataMorgana)-Syndrom schwappte aus den Fachkreisen in den allgemeinen Sprachgebrauch über. Vielen half der Glaube in der Krise, denn die Kirchen waren wieder voll, die Leute beteten zum Weihwasser und flehten Maria um Hilfe an. Doch die Himmelsgöttin unternahm nichts. Die Gebete waren an die falsche

Adresse gerichtet, denn die Sache mit der Mur ging vom Erdmittelpunkt aus, nicht von oben.

Christine entwickelte mit der Zeit MFM-Symptome, zum Glück nur leichte. Sie stand nachts auf und starrte in die Badewanne. Mit einem Finger tippte sie auf die Oberfläche des Wassers. Wenn sich Bläschen, Kreise und Klänge bildeten, dann lächelte sie wie ein Wesen, das vom Zauber des Wasserkonzertes, nicht genug bekommen konnte. Norbert bastelte Schiffe aus Druckerpapier und spielte Murschifffahrt wie ein kleiner Bub.
Um die Verdunstung so gering wie möglich zu halten, kam ihnen die Idee, die Jalousien und Vorhänge den ganzen Tag geschlossen zu halten. Die Atmosphäre in der Wohnung glich einem Hallenbad nach Badeschluss.
Sie duschten nur noch gemeinsam, zwischen neun und elf Uhr, wenn in ihrem Viertel Wasser lief. Mit einer Selbstverständlichkeit sammelten sie das Brauchwasser in der Duschtasse und verwendeten es später für die Klospülung. So war die neue Normalität, an die sie sich schnell gewöhnten.

Die Überangepassten hatten sich mit der neuen Situation rasch arrangiert. Auch das beschrieb die Leiterin des Kriseninterventionszentrums als ernst zu nehmendes Krankheitsbild eines um sich greifenden Identitätsdilemmas. Die neuen Stadt-Tuareg trugen nämlich mitten in Graz Kleider wie in einer Wüstenstadt und imitierten das Wüstenvolk mit ihren indigofarbenen Gesichtsschleiern und einem langen, bis zum Knöchel reichenden Übergewand und posteten Fotos in diesem Aufzug auf Instagram. Die Jugend lud zu Wüstendiscos. Aus den verschlossenen Fensterläden in St. Leonhard drangen Gitarrenklänge, Händeklatschen und rhythmischer Gesang. Leute wie Norbert und Christine wurden nicht eingeladen, sie gehörten der falschen Alterskohorte an, wie sie es definierten, aber sie störten sich nicht weiter daran.

Nach ein paar Monaten des Hoffens und Wartens sah man einen Konvoi mit schwarzen Limousinen zum Ursprung der Mur fahren. „Warum erst jetzt?", kritisierte Christine, die zwischenzeitig schon etwas abgestumpft oder zu angeschlagen war, um ihrem Nachnamen gerecht zu werden. „Jetzt haben wir seit Ewigkeiten kein Wasser und erst jetzt kommen die auf die Idee, den Ursprung aufzusuchen?", sagte sie. Norbert bewertete es auf Twitter als „positives Zeichen".

Esoteriker und Naturheilerinnen belagerten schon seit einigen Wochen die Stelle, wo nackter Felsen sie anstarrte. Sie behaupteten, der Fluss sei da, nur eben leider nach innen gerichtet. Der hydrologische Dienst bestätigte dies. Ein Schweizer Guru war am Vortag mit einer

Gefolgschaft blau gekleideter Anhängerinnen, um das Wasser mit seinen höchstpersönlichen Mental-Energien zu befreien. Doch die Quelle hatte nichts über für den Hokuspokus aus dem Westen und spuckte keinen einzigen Tropfen aus.

Die Verantwortlichen gaben in Interviews freimütig zu, dass sie sich den Ursprung, nun ja, spektakulärer vorgestellt hatten. Im Grunde gab es im Gelände nur Steine, über die kein Wasser mehr floss.
Die Delegation war in Begleitung einer Gruppe von Maori, die man aus Neuseeland einfliegen ließ und einer wasserkundigen Dame aus Florida, angereist, der man ansah, dass sie genau wusste, was zu geschehen habe. Vom Parkplatz, auf dem die Limousinen parkten, wanderte die Gruppe zweieinhalb Stunden lange, dem verlassenen Flussbett entlang. Ein Schweigemarsch, zum verfeinerten Nachspüren gedacht, um Kontakt mit dem Wasser aufzunehmen, das man an manchen Tagen im Inneren des Berges rauschen hörte. Die Maori reagierten mit besorgten Gesichtern und sprachen, nach inständiger Interaktion mit dem Fluss, die Empfehlung aus, der Mur Menschenrechts-Status zu verleihen. So wie sie es beim Whanganui River durchgesetzt hatten. Das hieße, das Gewässer in weiterer Folge entsprechend zu behandeln, übersetzte die wasserkundige Dame. Mit aller Ernsthaftigkeit und mit allen Konsequenzen.

Christine und Norbert waren begeistert und sofort bereit, alles mitzutragen. Endlich kam Klarheit in die Sache. Die Mur wirkte beleidigt und gekränkt, sagten die Maori in einem Interview, woran es genau liege, konnten sie beim ersten Besuch nicht eruieren. Möglich sei sogar, dass der Fluss die Interaktion mit toxischen Personen, vermutlich aus der Hauptstadt, ablehnte und daher nicht mehr floss. Jeder der Anwesenden fühlte sich kurz persönlich betroffen. Nur der Leiter der Delegation konterte rasch und meinte: Wenn der Fluss auf „toxic people" allergisch reagierte, dann bräuchte es eben wieder Teststraßen, um diese ganzen negativen Leute vom allgemeinen Wasserkreislauf abzusondern. „Nichts leichter als das!"

Was aber ist, wenn der Fluss zusätzlich „Renaturierung" einfordert, sich gegen Mikroplastik aus Sportkleidung zur Wehr setzt oder nicht länger Schwermetalle von Autoreifenabrieb, Psychopharmaka-Rückstände und Antibiotika aus der Viehzucht mit sich führen will? Und wer weiß, was sonst noch? Wo käme man da hin?
Nur die Grünen zogen es ernsthaft in Erwägung auf die Forderungen der Mur einzugehen. Unter einer Voraussetzung und mit erhobenem Zeigefinger: Da Fließgewässer jährlich 1,8 Milliarden Tonnen Kohlenstoff in die Atmosphäre entließen, hätte sie – keine Rechte, ohne Pflichten – die anteilige CO_2-Steuer zu berappen. Lange Gesichter!

Die offizielle Version in den Medien lautete schließlich, dass die demokratische Mehrheit die Sache mit den Menschenrechten für einen Fluss als „zu abgehoben“ betrachtete.

Und die Mur blieb stur.

#

„Was wurde aus ihnen?“ Elias’ Stimme durchbrach die Stille der Abenddämmerung, in der das Meer in sanften Wellen gegen die Behausung der Wassermenschen klatschten, als wollte es sie trösten.
„Manche gingen in die Berge zurück. Die Anderen sind wohl einfach ausgestorben“. Freundy senkte den Blick. „Ich finde, unsere Vorfahren hatten sich das Leben, das sie Realität nannten, hart und beschwerlich gestaltet“, sagte es. „Schließlich hatte es alle Kraft gebraucht, um im Dschungel ihres Systems zu bestehen. Raum für ein höheres Bewusstsein, nein, der war nicht gegeben. Gewusst haben es alle.“
Nadja zog ihren Sohn näher an sich heran und strich ihm durchs Haar. „Es ist vorbei“, flüsterte sie. „Hier sind wir in Sicherheit“. Sie war eine der wenigen gewesen, die versucht hatten, die davon schwimmenden Felle der Menschheit zu retten. Retten? Ihre Stimme war viel zu schwach gewesen.

Aquilea stand auf und zog ein Sonodrum unter dem Tisch hervor. Im Schneidersitz machte sie es sich auf dem Stuhl bequem, legte das Instrument in den Schoß und schlug die Zungentrommel an, um die Traurigkeit in eine Melodie zu verwandeln. Die Blicke aller waren auf ihre Hände gerichtet. Selbst der Vollmond schielte durch die Glasfassade, als würde er erstaunt den bezaubernden, glockenartigen Klängen lauschen. Eine angenehme Müdigkeit, eine erfüllte Leere, das genussvolle Gefühl des Angekommen-Seins breiteten sich aus.

In Nächten wie dieser kamen die Delfine und weckten sie nachts. Sie schwammen in die unteren Geschosse, wo man Spiegel für sie aufgestellt hatte und imitierten die Stimmen jener, in die sie sich verliebt hatten. Nicht warten wollend auf die Gespielinnen an Land, mit denen sie sich zu paaren versuchten, wenn sich die Möglichkeit in eine der Buchten ergab, ohne je einen Aqua-Humandelphin gezeugt zu haben. Das war erst für später, für die Zeit, wenn alle Geschichten erzählt und die Wassermenschen endgültig ins Meer zurückgekehrt sein würden, vorgesehen.

Elias kam am nächsten Abend früher als die Anderen zurück. Zu seinem Erstaunen wartete Bilbao bereits auf ihn. Er setzte sich zu ihm an den Rand des Schwimmbeckens am Dach und führte Wassertropfen an seine Lippen.

Da sprach Hydros zu ihnen: *Ich wandle mich, ich verdunste, ich tauche in einem veränderten Aggregatzustand und an einem anderen Ort wieder auf. Ich schmelze, fließe, verbinde mich, ich heile, reinige mich selbst. Ich sammle mich, höhle aus und wie ihr wisst, kann ich bedrohlich werden und euch überschwemmen oder verdursten lassen. H_2O, habt ihr herausgefunden, ist keine gewöhnliche Substanz. Es unterscheidet sich in 70 Anomalien von anderen Flüssigkeiten und jede dieser Regelwidrigkeiten macht Sinn, man denke nur an die Ursachen, weshalb Fische in eisbedeckten Seen überleben. Und es kam immer Neues hinzu, das ihr erforschen durftet: von meiner Fähigkeit, Wissen zu speichern bis hin zu meinem Geschick, unter elektrischer Hochspannung schwebende Brücken zu bilden oder auf äußere Einflüsse wie eure Mobiltelefone, auf Musik und Worte zu reagieren.*

Elias beugte sich voller Ehrfurcht weit nach vorn. Er starrte auf die Oberfläche des Regenwassers, das sich in kreisförmigen Linien zum Zentrum hinbewegte. Sich nur kein Detail der Botschaft entgehen lassen.

„Weißt du“, fuhr Bilbao fort, „die Götter hatten oft versucht, sich einzumischen. So wie Oshun, eine Süßwassergöttin aus der afrikanischen Religion der Yoruba, die einst mit den verschleppten Menschen aus Afrika in die Karibik reiste."

„Was bedeutet Oshun?", fragte Elias nach.

„Ihr Name bedeutet ‚Quelle'. Sie ist der Geist der Flüsse, der Seen, der Bäche und der Ströme. Der Legende nach war sie es, die den Wasserstoff mit dem Sauerstoff in Verbindung brachte und damit das Leben auf der Erde erweckte. Während die ganze Welt nur über den Klimawandel diskutierte, regte Oshun ihre Lieblinge dazu an, sich mit dem Wasser auseinanderzusetzen. Es fruchtete lange nicht, weil es sich als schwierig erwies, gewöhnlichen Menschen das komplexe und filigrane System des Wasserkreislaufes und seiner Reinhaltung auf der Erde begreiflich zu machen. Dass sie wasserweise – ‚waterwise' – werden, war der Plan". Wasser verschwindet nicht vom Planeten, könnte man meinen, denn jeder einzelne Tropfen hat eine Milliardenjahre alte Geschichte hinter und in sich. Was war also passiert? Der Wasserkreislauf wurde durch verschiedene Faktoren wie globale Erwärmung, höhere Luftfeuchtigkeit oder Abschwächung des Jetstreams, was Extremwettersituationen begünstigt, „intensiviert", das heißt, er beschleunigte sich und das Wasser kam nicht mehr dazu, sich zu regenerieren. Der natürliche Wasserkreislauf ist hochsensibel, jede kleinste Abweichung hat große Auswirkungen.

Elias hielt inne. Ein vertrautes Geräusch, das leise Aneinanderklimpern der Kaurimuscheln vom Fußschmuck seiner Mutter, kam näher. Er wandte sich ihr zu. Nadja trug ein langes, gelbes Kleid mit stufigem Rock und einem schulterfreien Oberteil mit Rüschen. Es lag eine Entschlossenheit in ihrem Blick, die er seit dem Tag, an dem sie entschieden abgelehnt hatte, dem alten Fluss des Lebens zu folgen, nicht gesehen hatte.
„Heute werde ich meine Rede halten!“, verkündete sie im Vorübergehen. „Es ist nie zu spät“. Leichten Schrittes bewegte sich Nadja bis zum äußersten Rand der Plattform. Sie breitete ihre Arme aus und begann zu sprechen.

Wie wollt ihr leben?

Menschen dieser Stadt, die jemals hier gewohnt haben!
Einst seid ihr die Überglücklichen gewesen: in einer der größten Metropolen auf diesem Planeten mit Trinkwasser direkt aus dem Wasserhahn verwöhnt. Welch eine Errungenschaft der Ingenieurskunst, die das ermöglicht hatte. Kein aufbereitetes Wasser wie anderswo, sondern frisches. Ein Zusammenspiel aus Stauseen, Aquädukten und Tunnels, Verbindungsrohren und natürlicher Schwerkraft. Ihr habt Schutzgebiete geschaffen, Reservoirs angelegt, die Qualität überwacht. Das gute Wasser war der ganze Stolz eurer Stadt.

Dennoch war das Trinkwasser kein Verdienst der Menschen, die es als Selbstverständlichkeit betrachteten, es war ein Geschenk der Natur. Erinnert ihr euch noch als das Sorgenkind der ‚Dürre' um ging? In Kalifornien oder rund um das Mittelmeer und sogar hier. Es wurde im Jahre 2040 erwartet, doch es ist früher angekommen, so wie die Wassermassen, mit denen der Mond oder eine geheime Kraft die Küsten fluten ließ.

Es stimmt mich traurig, das zu sagen, doch es ist nicht so, dass niemand euch gewarnt hätte. Schon Jahrzehnte davor. Viel lauter als die mahnenden Stimmen waren diejenigen, die den Finanzfluss, der eurer Stadt entsprang, zum Lebenselixier auserkoren hatten.

Wie viele falsche Entscheidungen haben diese Leute eigentlich getroffen? Welcher Teufel hatte sie geritten, Wettbewerbsfähigkeit und Profit als oberste Stufe der Wissenstreppe zu promoten anstatt Expertise, Intuition und das Gemeinwohl in das Zentrum aller Überlegungen zu stellen? Warum habt ihr an Finanztransaktionen nicht genauso ein Reinheitsgebot geknüpft wie an das Bier? Wer waren die Menschen, die die Bedürfnisse von Wasser, Luft und Boden ignorierten, nur weil diese keine Anwälte hatten? Und wer zur Hölle waren eigentlich jene Personen, die ihre Lebensarbeitszeit verwendeten, um den Schmutzfinken dieser Welt zu dienen?

Nun seid ihr stumm wie die Fische.
Stellt sich die Frage: Gab es überhaupt genug Süßwasser für alle auf diesem Planeten?
Vielleicht ja, werdet ihr denken, aber es war von der Natur nicht gut verteilt und wurde von fast allen schlecht behandelt.

5000 Liter Wasser verbrauchten BürgerInnen in der EU tagtäglich. US-AmerikanerInnen sogar 7800. Man stelle sich das vor, vieles davon versteckt in Produkten, die häufig aus (wasser)armen Regionen stammten, was beschämend ist. Im vergangenen Jahrhundert wurde Wasserverbrauch weltweit versechsfacht. Das war dem Wachstum der Bevölkerung und der Steigerung des Konsums geschuldet. Das Versagen Nummer eins reicher Nationen war ihr Lifestyle. Ein Espresso nach dem anderen, gleichgültig wie viel Wasser Kaffeepflanzen brauchen, Shopping bei vollem Kleiderschrank, ohne darüber nachzudenken, wie sehr Baumwolle gegossen werden muss, technische Wegwerfprodukte, deren Herstellung mit einem viel zu hohen Wasserverbrauch einhergingen. Die Liste ist so lang.

Menschen dieser Stadt wozu habt ihr das alles haben müssen?
Dass der Cocktail an Mikroplastik, Pestiziden, Medikamenten und sonstigen Giften eines Tages in den Wasserkreislauf gelangte, davon wollten die meisten von euch am liebsten gar nichts hören.

Lippenbekenntnisse kaschierten die kognitive Dissonanz zwischen Einstellungen und Verhalten. Alle freuten sich beispielsweise über das Verbot von Plastiktüten in der Stadt. Doch niemand wagte es, die ‚heilige Kuh' der Arbeit im Hintergrund zu schlachten, denn die Produktion des schädlichen Stoffes wurde eben einfach auf andere Dinge aus Plastik umgestellt.

Warum habt ihr Verschwendung im Namen der Nachfrage und zum Zweck des Profits nicht einfach verboten?
Warum habt ihr kein Existenzmaximum pro Person, Familie, Organisation und Staat eingefordert, um euch selbst ein ‚genug' zu signalisieren?
Warum habt ihr eure Arbeitskraft nicht in den natürlichen oder technischen Wasserkreislauf investiert? Brunnen in entlegene Dörfer gebracht, defekte Wasserleitungen in armen Ländern repariert, Abwasseranlagen statt Waffen geliefert oder Flüsse renaturiert.

Liebe Menschen dieser Stadt, ihr seid nicht mehr hier, aber ich sehe eure fragenden Gesichter. Wer sollte das bitteschön bezahlen?

Und ich sage euch, dem Geld wäre es gleichgültig gewesen, wohin es fließt. 2113 Milliarden US-Dollar – das ist die Zahl mit neun Nullen – wurden laut dem Stockholmer Friedensforschungsinstitut allein im

Jahr 2021 weltweit für die Rüstungsindustrie ausgegeben. Darin sind die Ausgaben für die privaten und beruflichen Kriege, die ihr über den Weg der Justiz ausgetragen habt, noch gar nicht eingerechnet. Waffen aller Art gaben euch ein Gefühl von ‚Sicherheit & Überlegenheit', doch um den alten Menschheitstraum vom „Paradies auf Erden" zu erfüllen, hätte es ein Umdenken im kollektiven Mindset gebraucht, hin zu „Verbundenheit & Freundschaft", so wie wir sie jetzt endlich leben.
Ich danke für eure Aufmerksamkeit!

#

Ein Luftzug streifte Nadjas Haar, als sie sich vor dem Meer verbeugte, das ihr geduldig zugehört hatte. Bilbao nickte zustimmend und ließ dann eine Schale mit Regenwasser aus dem Pool ins Meer laufen, damit sich die alten Geschichten auflösen und endgültig vergessen werden konnten. Sie schliefen an diesem Abend früh ein, träumten davon, wie sie lebten und träumten, was sie liebten, bis die Vögel mitten in der Nacht zu kreischen begannen und aufgeregt über dem Wolkenkratzer kreisten. Ein Sturm kam auf. Angestachelt von Luftikus schlugen des Meeres Wellen aufgebracht gegen die Glasscheiben in den Schlafgemächern im 59. Stockwerk. Aquilea schrak auf. Das Gebäude schien sich schwankend zu bewegen.

Im Dunkeln tastete sie nach ihrem Liebsten, der sich im Bett aufgesetzt hatte: „Bilbao“, sagte sie keuchend, „ich habe wieder von unserer Überfahrt geträumt“.

„Nein Honey. Du träumst nicht. Das ist echt. Ich fürchte, ein Seebeben!“ Mit lautem Getose prallten die Wellen an der Glasfassade ab, während der weiße Schaum an den Scheiben, die zu bersten drohten, abperlte und dicke Schlieren zog, ehe die nächste Welle heranbrauste und sich bis über das Gebäude hinauf auftürmte. Die Flamme einer riesigen Kerze im Raum flackerte vom Lufthauch, der gespenstisch durch das Schlafgemach zog. Elias sprang geistesgegenwärtig aus seinem Bett. „Ich sehe nach, ob es oben sicherer ist“, rief er seiner Mutter zu. Nadja brachte keinen Laut über die Lippen, als ihn an der Treppe ein Schwall Wasser überraschte, der von oben herabstürzte wie ein Wasserfall, und sich seinen Weg in das darunterliegende Stockwerk, das sie normalerweise als Eingang benutzten, bahnte. Elias hielt sich am Geländer fest und kämpfte sich weiter nach oben. Die Pforte zur Terrasse stand im weiten Bogen offen. Mit einem Satz sprang er zum Ausgang, zog die Tür zu und stemmte sich gegen die Wucht der nächsten Welle. „Kommt herauf“, rief er nach einer Weile: „Das Glas hält besser stand als unten!“

Erst als die ersten Sonnenstrahlen am Horizont wieder mit dem Ozean kokettierten, begann sich das Meer zu beruhigen. Bilbao

stand an der Glasfassade und ließ den Blick über das Wasser schweifen. Etwas stimmte nicht. Der Oneworld-Tower, ein gut gemeinter Versuch, die Welt zu einigen ohne die Ungerechtigkeiten zu beseitigen, war eingestürzt und vom Meer verschluckt worden. Aquilea hatte zuvor schon bemerkt, dass die Turmspitze verschwunden war. Zum Glück wohnte niemand dort, doch würde es ihrem Zuhause auch bald so ergehen? Nun näherte sie sich Bilbao und lehnte den Kopf an seine Schulter. „Ich dachte, der Zeitpunkt sei gekommen, dass wir ins Meer zurückkehren müssen."
„Ich auch. Ich war bereit dazu, doch dir war es zu früh, stimmt's?", flüsterte er ihr zu.
Aquilea atmete schwer: „Du hast recht. Ich hänge an den Geschichten, die wir uns erzählen. An den Früchten, die an Land wachsen. An den Ölen, wie sie in der Haut einziehen. Es ist so vieles, das wir aufgeben müssten." „Ist schon gut", sagte er. „Ist schon gut. Ich denke unsere Obstplantagen haben überlebt, sie liegen weit genug oben". Bis die Sonne ganz aufgegangen war, war auch der Wind abgeflaut. Wie ein großer Badesee lag das Meer ihnen nun zu Füßen und plätscherte sanft an die Außenwände, als würde es nur „Hallo" sagen.

Nadja suchte nach einem Stück Stoff, um den anderen des Stammes auf den anderen Gebäuden der Stadt zu signalisieren, dass ihnen nichts geschehen war. Auf der Dachterrasse sah es nicht so übel aus, wie sie befürchtet hatten. Es hatte lediglich viele Palmenwedel und Kokosnüsse angeschwemmt, die sich in den Gittern und Zwischenräumen verfangen hatten. Beinahe wäre Nadja über ein Bein gestolpert, das zu einem Mann gehörte, der bäuchlings am Boden lag. „Kommt schnell, ein Verletzter!“, rief sie.

Aquilea war sofort zur Stelle. „Um Himmels willen ist es Freundy?“ Sie drehte den Mann zur Seite, doch es war ein Fremder. Er atmete ruhig. „Wahrscheinlich hatte er einen Schlag auf den Kopf bekommen und war bewusstlos“, stellte sie fest, als er die Augen öffnete. „Mama“, sagte der Mann auf Spanisch, „oder bist du ein Engel?“ Er blinzelte Nadja zu. Aquilea untersuchte ihn weiter. Der rechte Mittelfußknochen war gebrochen. Sie hob seinen Fuß vorsichtig an und schickte mit beiden Händen heilende Energien in das Gewebe bis zum Knochen. „Du bist hart im Nehmen“, stellte sie fest. Der Mann nickte. „Ich glaube an meine Selbstheilungskräfte, aber wo bin ich hier eigentlich gelandet“.

„Liberty Street 28“, antwortete ihm Elias, der ihm aufhalf, um ihn nach innen zu begleiten. „Wirklich?“, sagte der Fremde, der sich auf dem Weg dorthin als Alejandro vorgestellt hatte, erstaunt. „Hier war ich schon mal. Bringt mich am besten gleich zur Bar.“ Er humpelte etwas, als er die Schubladen unter der Theke öffnete und die Flaschen der Reihe nach in die Hand nahm und vorlas, was auf den

Etiketten stand. „Endlich ein Rum aus der Heimat", sagte er nach einer Weile mit einem breiten Grinsen. „Habt ihr das Notstromaggregat für die Eiswürfelmaschine noch nicht aktiviert?" Aquilea nahm an der Bar Platz und schüttelte keck den Kopf. „Wir haben damit auf dich gewartet". Er zwinkerte ihr zu.
Dann drehte er sich dem Bücherregal über den Likörflaschen zu und zog zwischen den edel aufgemachten Cocktailbüchern einen Roman hervor. Er drückte Aquilea das Buch in die Hand.
Sie schlug es in der Mitte auf und begann zu lesen.

Oshuns Töchter

Sonia kam mit gesenktem Kopf aus dem Bad, ein Handtuch um den Körper gewickelt und eines als Turban am Kopf tragend.
„Ist dir noch immer heiß, Süße, was ist los?"
„Es kommt kein Wasser und ich hab' Shampoo am Kopf", sagte sie mit weinerlicher Stimme, so, dass Yvonne sie am liebsten in den Arm genommen hätte.
„Auch das noch. Heute hast du wirklich Pech".

Yvonne versuchte, die Sache entspannt zu betrachten, und drehte den Wasserhahn in der Küche auf. Es tröpfelte ein wenig. Dann hörte es auf. Sie überlegte kurz und ging auf den Gang hinaus. In der Nachbarwohnung reagierte niemand auf das Klopfen an der Tür. Sonia meinte, sie wären verreist, Verwandte besuchen im Oriente.

Wenn der Strom ausfiel, was in Havanna in letzter Zeit wieder häufiger vorgekommen war, wartete man, bis das Problem sich von selbst löste. Mit Geduld und Gelassenheit. Vor ein paar Tagen erst war es abends in Havanna Vieja und im ganzen Vedado stockdunkel. Yampier, Sonias Freund, hatte amüsiert seinen Onkel angerufen: „Stell dir vor, Tio, kein Strom im Vedado". Yvonne und Sonia sahen sich verwundert an, sie kannten den Grund nicht, was die beiden so belustigte daran. Im Vedado. Ausgerechnet. Hahaha.

Es gab Kerzen im Haus. Als die Glühbirnen eine Stunde später wieder aufflackerten, hatte Yampier die Arme in die Höhe gerissen und laut „Luz! Luz!" geschrien. Yvonne schmunzelte bei dem Gedanken daran. Dann fiel ihr Blick wieder auf Sonia. Shampoo im Haar? Es war nichts Lustiges an dieser Situation und an dem betrübten Gesicht ihrer Mitbewohnerin zu finden, die zusammengekauert im Sala, so heißt das Wohnzimmer der Kubaner, auf einem Schaukelstuhl hockte. Den Tränen nah.

In der Küche, unter den offenen Regalen, gab es einen großen Vorrat an Wasserflaschen, die sie vom Shop neben einem Hotel am Prado zweimal die Woche ins Appartement schleppten. Yvonne kam die

Idee mit einer Gabel Löcher in die Verschlusskappe zu bohren. Das müsste als Duschersatz funktionieren.

„Ich werde assistieren, damit wir kein Wasser vergeuden. Wer weiß, wie lange es dauert, bis das wieder funktioniert“, sagte Yvonne.

Sie holte einen stabilen Stuhl aus der Küche, aus dunklem Holz mit einer Schnitzerei an der Lehne, den sie hinter der gemauerten Duschwand platzierte. So fand sich ein sicherer Stand, um die Arme über den Mauerrand zu strecken und mit beiden Händen die Flasche kräftig zusammenzudrücken. Das Plastik gab ein knarzendes Geräusch von sich. Yvonne versuchte, den Wasserstrahl gezielt auf den Schaum zu lenken.

S[illegible] entspannte sich, während ihre Hände flink durch das Haar glitten. Das Shampoo lief am nackten Körper hinab und verschwand im Abfluss.

„Stell dir vor, als ich klein war, hat Tante Luisa mir eingeredet, dass man die Regentropfen, die einem auf den Kopf fallen, in Geld verwandeln könne. Jeder große Tropfen war ein Schilling, die kleinen, einen Cent wert. Ich kam mit dem Zählen nicht nach.“

„Heute wirst du nicht reich, Süße. Ich habe drei Liter über dich geschüttet. Das wären höchstens 50.000, falls wir jetzt in Euro rechnen“, meinte Yvonne „und außerdem, die hießen früher nicht Cent, sondern Groschen“.

„Lustig! Das hatte ich schon vergessen. Jetzt, wo ich hier bin, denke ich, Tia ist mit mir so gerne durch den Regen gelaufen, weil sie dadurch die Erinnerung an die Tropenschauer wachhielt. Wie muss sie es vermisst haben."

Yvonne pflichtete ihr bei. Die Anekdote inspirierte sie, den Aspekt des Wassers in die narrativen Interviews, die sie für die Studie durchführen musste, einfließen zu lassen. Welche Erinnerungen bei den Auswanderern wohl zutage kämen? Ihre Forschungsarbeit war ins Stocken geraten. Womöglich könnte sie mit einem neuen Fokus wieder Schwung in die Sache bringen. Doch es war der falsche Zeitpunkt, um sich näher damit zu beschäftigen, daher sagte sie: „Jedenfalls gefällst du mir jetzt schon viel, viel besser. Magst du einen Mojito zum Trost?"

Sonia bejahte mit einem Seufzer und ließ sich wieder im Schaukelstuhl nieder, um ihr nasses Haar zu bürsten. Der Abendverkehr rollte durch die Straßen und drang als Hupkonzert jener Wagen, die am Paseo Richtung Malecon unterwegs waren, durch die offenen Fenster in die Wohnung. Sie wartete auf Yampier, der angeblich seit zwei Stunden in Miramar festsaß und kein Taxi bekam, um nach der Ursache des Wasserproblems zu suchen. Den Drink, den ihr Yvonne reichte, nahm Sonia dankbar an. Man fühlt sich gleich besser mit dem Geschmack von Limetten, Minze, Rohrzucker und Rum im Mund.

Sie lächelte wieder, als das Glas geleert war und schlug vor, selbst auf dem Dach nachzusehen. Womöglich sei das Wasserbassin verstopft. Das Schloss des Eisentors am Ende der steilen Treppe auf die Dachterrasse ließ sich schwer öffnen. Sie hielten sich selten oben auf, obwohl die Aussicht auf das Meer und das gegenüberliegende Castell „El morro“ ein Gedicht waren. Nicht aber die gnadenlose Hitze, außer es wehte ein wenig der Wind, so wie heute. Mit vereinten Kräften schoben sie die Abdeckung der kreisförmigen Zisterne beiseite. Ein hohles Geräusch entfleuchte dem Bassin, an dessen Boden sich eine Pfütze gebildet hatte. Ein Nachbar aus einem tieferen Stockwerk streckte den Kopf durch die Tür und fragte, ob sie ebenfalls „out of water“ wären. Gut möglich, dass es Probleme mit der Wasserversorgung an sich gäbe? Kein Wunder bei der Hitze. Er blickte in das leere Bassin, zuckte teilnahmslos mit den Schultern, sagte „mañana“ und verschwand wieder. „Wenn oben das Wasser fehlt, kann nichts nach unten fließen“, meinte Sonia. Eine logischere Schlussfolgerung war auf dem Dach nicht zu finden.

Yampier kam kurz vor Sonnenuntergang mit Kübeln an, die er sicherheitshalber aus der Wohnung seiner Mutter mitgebracht hatte. Er sah müde aus.

„Warst du bei der Demonstration dabei?“, fragte Yvonne und nahm ihm die Eimer aus der Hand.

„Nein, nein“, log er ihr ins Gesicht.

Sie verzog den Mund, nickte ungläubig und gab ein „so so“ von sich. Er wandte sich schnell ab und nahm seine Freundin in den Arm, die sich vom Schaukelstuhl erhoben hatte und freudig auf ihn zugestürmt war. Er nannte sie „Principessa del jungle“. Sonia sah Yampier belustigt an. Sein Humor und die liebevolle Art, mit der er ihr begegnete, versöhnte auch Yvonne. Im Dschungel von Havanna: Besser ließ sich das Leben hier nicht beschreiben. Sie bräuchten sich keine Sorgen zu machen, sagte er. Paciencia! Paciencia! Geduld. Das werde schon wieder. Dann griff er zum Telefon und rief den Vermieter des Apartments an. Die Wasserpumpe sei das Problem fand er heraus. Morgen käme jemand, um sich das anzuschauen. Bei Bekannten, nur zwei Blocks weiter, könnten sie Wasser holen, für das WC. Sonia lief ins Bad, um den Spülkasten zu inspizieren. Wie viele Liter passen da rein?

„Fünfzehn“, schätzte Yvonne. Aus moralischen Gründen verwarfen sie die Idee, das restliche Flaschenwasser für die Klospülung zu verwenden und bis zum nächsten Tag zu warten.

Wasser tragen wie in Afrika. Sie schafften es, mit jeweils zwei Kübeln die Strecke zweimal zu gehen. Die steile, enge Treppe hinunter, drei Blocks weiter und im Wohnhaus an der Ecke zur San Lazaro bis in den zweiten Stock hinauf und wieder zurück in das Appartement im vierten.

„In ganz Österreich ist Quellwasser im Spülkasten", motzte Sonia, die sich mit ihren zwei Kübeln linker und rechter Hand abmühte. Sie stellte die Eimer nach jedem Stockwerk ab, um Arme und Schultern zu entlasten. Der metallene Henkel schnitt an den Handballen ein. Yvonne massierte sich die Hände und meinte, sie solle das um Himmels willen keinem hier erzählen: Die Welt ist nicht einmal bei der Verteilung von Wasser gerecht.

Im Außengang, dem Pasillo, der das Wohnzimmer mit der Küche verband, reihten sie die zwölf bunten Kübel aneinander. Das würde zumindest bis morgen reichen. Sonia stolzierte im Gang auf und ab und stellte die Frage, wie man „kostbares Nass" auf Spanisch übersetzte, doch Yampier war in der Küche verschwunden. Mit einem scharfen Messer viertelte er die Limetten nach der Länge und zerschnitt die Spalten in kleine Stücke. Er füllte sie andächtig in die Gläser und zerdrückte die Stückchen leicht mit einem Mörser. Sein Mojito sei der Beste, meinte er. Man müsse das richtige „Hierbabuena" verwenden und keine gewöhnliche Minze, den Zucker perfekt dosieren und um Himmels willen beim Rum nicht sparen. Reichlich Eis und, wenn noch Platz im Glas sei, mit einem Schuss Soda aufgießen.

„Ich habe mein Leben lang noch nicht so viel getrunken", Yvonnes Stimme klang erschrocken: „Ich sag' dir, wenn das meine Kollegen vom Institut wüssten". Sonia kicherte und lehnte sich an die Lehne des Sofas, auf dem Yampier Platz genommen hatte. Er schlug vor,

sich am späteren Abend mit Freunden am Malecon zu treffen und die Nacht im Haus seiner Eltern zu verbringen. Yvonne hatte keine Lust, mit Studenten abzuhängen, und blieb allein zurück. Sie freute sich auf einen entspannten Abend. Zuerst wolle sie eine Dusche nach Art des Dschungels genießen. Sie schleppte zwei Eimer Wasser in das Bad, schnappte die Wasserflasche mit dem durchbohrten Verschluss, die verbeult im Waschbecken lag und füllte sie. Dann zog sie sich das Kleid über den Kopf und warf es in eine Ecke. Die Unterwäsche landete obenauf. Sie wankte ein wenig und war sich nicht sicher, ob das Licht eben geflackert hatte. Deshalb kam es ihr in den Sinn sicherheitshalber eine Kerze bereitzulegen. Nackt tänzelte sie in die Küche, um einen Kerzenständer und Zünder zu holen. Die Wärme des Tages lag in allen Räumen.
Yvonne stellte mit Erstaunen fest, dass man mit sehr wenig Wasser das Auslangen finden konnte, um sich erfrischt zu fühlen. Das zimmerwarme Nass lief über ihre Haut und mit ihm der Schweiß des Tages. Sie verbrauchte nur 4 Liter und schüttete den Rest des Eimers in den Spülkasten der Toilette.

Dann ging sie ins Schlafzimmer und schlüpfte in hellblaue Schlafshorts und ein weißes T-Shirt. Yvonne schlief lieber mit offenem Fenster, als das Rattern der Klimaanlage zu ertragen. So konnte sie wahrnehmen, wie die Stadt langsam zur Ruhe kam und das

Gehupe und Gemurmel auf der Straße weniger wurde. Yvonne räkelte sich im Bett und hätte gerne gelesen, doch sie war zu müde und schlief bald ein.

Kaum hatte sie sich auf den Bauch gedreht, verspürte sie im Traum Sand auf der Haut und eine leichte Brise, die über ihren Körper glitt. Ein farbenfrohes Tuch umhüllte ihre Hüften. Beobachtete sie jemand? Sie setzte sich auf und schaute auf die glatte Oberfläche des Sees hinaus. Da stand nur ein Esel, der sich an den Halmen satt fraß, die in der Bucht aus dem flachen Wasser ragten.
Vom Hinterland näherte sich ein Mann. Er ging direkt auf Yvonne zu und ließ sich neben ihr in den Sand fallen. Völlig ungeniert betrachtete er ihren Körper.
„Ich werde dich Marta nennen“, sagte er. Yvonne lächelte im Schlaf. Sie stand auf und nahm ihn an der Hand. Ohne nachzufragen, folgte er ihr über eine Wiese, die von niedrigen Steinmauern begrenzt war, hinter denen junge Schafe weideten. Gemächlich wanderten sie zu einem Tempel auf einen Hügel hinauf. Der Pfad war von Zypressen gesäumt und führte zu einem mit riesigen Platten gepflasterten Weg, dem sie schweigend folgten, bis sie sich einem Labyrinth aus aufgestapelten Steinen näherten. Der Mann blieb stehen und hustete. Yvonne legte ihre Hand auf seine Brust, damit sich der Husten legte. Er bedankte sich.

„Ich will alles über deine Kultur wissen!" Er wartete ihre Reaktion ab, doch sie beherrschte seine Sprache nicht sehr gut und sah ihm tief in die Augen, anstatt ihm eine Antwort zu geben. Sie zeigte mit der Hand auf die die Bergkette in der Ferne, auf deren schneebedeckten Gipfeln dicke Wolken lagen.

„Ist dir nicht kalt, Marta?", fragte er, ohne sie anzusehen. Keine Antwort. Er zuckte mit den Schultern und lehnte sich an einen Torbogen im steinernen Mauerwerk, um einen Eintrag in seinem Tagebuch zu verfassen. Er beschrieb die Beschaffenheit der Steine mit dem Lehmputz und die Anlage des Labyrinths mit seinen unzähligen Durchgängen. Auch Marta erwähnte er. „Sie gleicht einer weiblichen Götzenstatue, die beinahe all meine Sehnsüchte erfüllt", schrieb er.

„Chincana", sagte sie, doch er schien nicht zu versehen.

Yvonne schritt im Traum zu einer Steinplatte, die von kleineren Steinklötzen umrandet war und aussah wie ein Opfertisch. Sie stellte sich in die Mitte und drehte die Handflächen nach oben, um etwas zu empfangen. Sie musterte ihn mit einem eindringlichen Blick. Er hatte keine Vorstellung davon, welche Aufgaben, welches Schicksal ihm in diesem Augenblick übertragen wurde, doch er nahm es mit Würde an. Dunkelgrüne Strahlen der Anpassung in seiner Aura sagten ihr, dass er der Auserwählte war. „Schreib das nicht in dein Buch", wies sie ihn auf Spanisch an. „Das ist unser Geheimnis".

Bis zum Sonnenuntergang, der die Landschaft in rötliches Licht tauchte, verweilten sie an dem geheimnisvollen Platz. Der See lag spiegelglatt vor ihnen, nur eine Fähre fuhr von der Isla del Sol, auf der sie sich befanden, zurück in Richtung Puerto Acosta.
„Ich weiß, es ist verboten dich mitzunehmen, aber du bist mein Schatz. Ich werde dich gut verstecken. Niemals will ich dich verlieren", sagte der Mann leise.

Yvonne lächelte im Schlaf, drehte sich von einer Seite zur anderen und zog die Decke über sich. Einen Augenblick später durchstreiften sie eine tiefe Schlucht. Struppiges Blattwerk von Sträuchern bedeckte den Boden, die Bäume wuchsen dicht und ließen wenig Licht in den Graben fallen. Es waren Bäche zu überqueren, weil es an Brücken fehlte. Weit und breit keine Siedlung. Er trug festes Schuhwerk, einen Rucksack und in der rechten Hand ein Gewehr. Sie hielt er mit feistem Griff, als er über einen Baumstamm balancierte. Yvonne hörte, wie sein Blut im Körper pulsierte. Er keuchte. Dann setzte er sich erschöpft auf den Boden und rang nach Luft. Er bemerkte nicht, dass sie ihm dabei aus der Hand glitt. Lieber wäre sie mit ihm umgekehrt, zurück auf die Isla del Sol, doch sie kullerte unter ein großes grünes Blatt hinein. Von dort aus beobachtete sie, wie ihm jemand aufhalf und darauf drängte, weiterzumarschieren. Dann war es still. Ein Sonnenstrahl fiel durch das Dickicht und

berührte Yvonne, die er Marta genannt hatte. Sie erhob sich wie eine Lichtgestalt im weißen Kleid, die gen Himmel flog.
Aus der Ferne hörte man Schüsse.

Yvonne schrak auf.
„Bürgerkrieg", schoss es ihr durch den Kopf. Sie hielt den Atem an. Auf Zehenspitzen schlich sie in Richtung des Fensters in ihrem Zimmer, um zu lauschen. Man hörte das Meeresrauschen, den Wind und einen Wagen, der die Straße entlang fuhr, ohne zu hupen und ohne anzuhalten. Havanna schläft. Gott sei Dank! Es musste spät sein. Sie wickelte das Bettlaken um sich und setzte sich in der Küche an den Esstisch. Die Uhr tickte laut. 3 Uhr 20 morgens. Yvonne plagte der Durst. Im Kühlschrank gab es immer Guavensaft. Sie stand auf, goss sich ein Glas ein und setzte sich an den großen Holztisch in der Mitte des Raumes. Den Kopf in die rechte Hand gestützt, saß sie im Halbdunkel und versuchte, sich an den Traum zu erinnern.

„Marta. Warum hatte er sie Marta genannt? Warum war sie so klein gewesen, dass sie im Dschungel aus seiner Hand rollte?", fuhr es ihr durch den Kopf.
Sie würde am nächsten Tag mit Sonia darüber sprechen. Die hatte immer eine Deutung für Träume dieser Art parat. Der Schlaf lockte Yvonne zurück ins Bett. Sie hing dem süß-säuerlichen Geschmack

der Guave nach, es gibt nichts Köstlicheres auf diesem Planeten, und schlief wieder ein.

Sonia machte sich am späten Vormittag zu Fuß auf den Weg ins Appartement zurück. Es erschien ihr vernünftiger, an ihrer Masterarbeit zu arbeiten, als den Nachmittag in Yampiers Zimmer mit Nichtstun zu vergeuden. „Du musst dich nah an den Hausmauern entlang bewegen und alle hundert Meter stehen bleiben und trinken", warnte er eindringlich, bevor sie losmarschierte. Es hat durchaus seine Vorteile bei diesen Temperaturen den Nachmittag im Erdgeschoss eines Hauses zu verbringen und Raegetton zu hören. „Ich komme am Abend nach", sagte er und drehte sich achselzuckend um, ohne sie zum Abschied zu küssen. Wer soll diese Europäerinnen verstehen?

Sonia lief nur zwei Blocks weit, ehe sie ein Cubataxi abstoppte und die restlichen Münzen, die sie dabei hatte, in eine Taxifahrt investierte, um einen Kreislaufkollaps zu verhindern. Doch auch im Appartement fand sie keine Ruhe. Das Rattern des Ventilators, den sie neben dem Esstisch platziert hatte, störte ihre Konzentration über soziologische Betrachtungsweisen. Am liebsten hätte sie zweimal hintereinander geduscht. Es war schon nach 11 Uhr. Normalerweise sollte das Befüllen des Bassins am Dach durch die städtische

Wasserversorgung anlaufen, da sich aber nichts rührte, blieb ihr nur ein kurzes Abbrausen mit der selbstkonstruierten Dusche übrig. Yvonne war nicht erreichbar. Nachricht hatte sie keine hinterlassen. Sonia ging aus einer inneren Unruhe heraus mehrmals auf den kleinen Balkon. Die Vase mit dem Blumenstrauß von Yampier lag auf dem Boden. Sie hob die Rosen auf und befestigte das Band, das den Strauß zusammenhielt, sorgfältig an der Tür. Die Blumen waren am Vertrocknen. „Wie unsere Verliebtheit", dachte Sonia.

Sie hatte die Option in das nächste Flugzeug zu steigen und zurückzufliegen in das geordnete Dasein mit all seinen Absicherungen.

Schönes Europa, mit seinen vollen Regalen, mit den unbegrenzten Möglichkeiten des Konsums und – zumindest scheinbar – auch der beruflichen und persönlichen Entfaltung. Aber er? Sonia überlegte. Ein kleiner Spaziergang in die Altstadt könnte sie von der gedrückten Stimmung befreien und sie zog, ohne den Ventilator abzuschalten, wieder los.

In der Calle Obispo entdeckte sie einen Laden mit Stoffbezügen in der Auslage und betrachtete sie, bis sich ein Herr mittleren Alters zu ihr gesellte. Er sah Yvonne anerkennend an.

„Entschuldige, dass ich dich anspreche, aber du hast eine so wunderbare Ausstrahlung – ein Wesen, wie von den Göttern geschickt, nur um uns zu erfreuen".

Wieder einer der Poeten, von denen die Stadt zu wimmeln schien.
„Pedro!", sagte er, als sie sein Kompliment mit einem Lächeln annahm, „und wie heißt du?"
Sie unterhielten sich ein Weilchen über die Zusammenstellung der Farben und Muster in der Auslage und welchen Ausdruck sie einem Raum verliehen. Pedro wusste einiges über die Ornamentik Afrikas zu erzählen und erklärte ihr, dass man die feingliedrigen, mit ranken- und blütenübersäten Stoffe „Toile-de-Jouy“ nannte. „Woher weißt du das alles?“, fragte sie erstaunt. „Meine Großmutter hatte einen Laden. Aber das ist lange her“.
Sonia bedankte sich für das Gespräch und versuchte, sich mit einem freundlichen Nicken zu verabschieden, doch er begleitete sie in einer unaufdringlichen Art bis zur Plaza Vieja. Der Mann versuchte sie zum Abschied zu küssen, doch sie entzog sich geschickt seiner Annäherung, verschwand schnell in Richtung Paseo und kam in einer weitaus besseren Verfassung im Appartement an.

Fünf Minuten später stand Yampier in der Tür.
„Perfect Timing. Ich bin auch gerade nach Hause gekommen“, meinte Sonia erfreut.
„Asi“, sagte er spitz. „Ich habe vier Stunden auf dich gewartet. Auf der Straße.“

„Das tut mir aber leid, mein Schatz. Ich dachte, du bleibst bis zum Abend bei deiner Mutter".
„Und ich dachte du arbeitest hier".
Er trug eine Einkaufstüte in die Küche und schlichtete Papayas, Reis und Mayonnaise in den Kühlschrank.
„Aber, was machst du? Jajaja, du gehst andere Kubaner suchen", murmelte er verärgert.

„Du bist eifersüchtig – ohne Grund. Aber weißt du was: Die Kontakte zu Menschen liefern wichtiges Material für meine Arbeit".

„Ah, ganz vergessen. Du bist ja als Professorin hier", sagte Yampier in einem sarkastischen Ton. „Du untersuchst die sozialen Strukturen der Armut und wie die Leute damit zurechtkommen, wie die Ratten in einem Experiment. Das wird sicher eine interessante Studie."
Seine Augen leuchteten, wenn er sich aufregte. Sogar im schimpfenden Ton begehrte Sonia den Klang seiner Stimme und seine Worte, die aus dem Innersten hervorsprudelten wie sprühende Geysire, waren von einer Lebendigkeit erfüllt, die ein warmes Gefühl in ihr weckten.

Sonia streckte sich auf dem Ledersofa aus, das in der Sala in der Ecke stand, und sagte gar nichts.

Doch Yampier kam durch sein Reden angestachelt erst richtig in Fahrt.

„Hast du uns schon ausreichend untersucht? Deine Kaninchen, und wie weit sie laufen müssen, um Futter bekommen oder wie sie unter Stress reagieren, weil sie eine Kiste mit Cohibas an die Touristen verkaufen wollen. Hast du mich und meine Freunde schon katalogisiert und mit Nummernschildern versehen?“

Sein Blick hatte etwas Wildes und Gefährliches, die Augen funkelten sie an: „Oder bist du als verdeckte Sextouristin hier, so wie Yvonne?“

„Hör auf mit dem Blödsinn, Yampier. Es reicht. Du hast einen Touristenkomplex!“

„Ja, die Touristen. Denkst du etwa sie kommen, um das Capitolio zu sehen? Es gibt doch ein echtes in Washington. Sie kommen nicht wegen der Architektur, Sonia. Warum fahren sie nicht nach Spanien? Das ist viel billiger und näher als Kuba.“

„Denkst du, sie kommen wegen des Essens? Sie reisen so weit auf eine unbedeutende Insel, um *Arroz con frijoles* zu bestellen oder unseren weltberühmten Flan.“

Sonia musste schmunzeln.

„Vielleicht kommen sie wegen der Musik?“, warf sie ein.

Das schien ihn nur noch mehr herauszufordern.

„Wegen der Musik? Haaaaaaaa! Geh nach Puerto Rico oder in die Dominikanische Republik. Nein. Das ist es nicht“, schellte Yampier mit diesem dunklen Unterton in der Stimme, der sie erregte.

„Sie kommen wegen des Sex nach Kuba, Baby“.

„Ein Teil vielleicht“, konterte sie. „Aber was ist mit dem österreichischen Ehepaar vom Strand neulich?“

„Die erst recht. Die Ehepaare kommen hierher und machen sich das untereinander aus. Du nimmst dir eine Frau und ich nehme mir einen Mann. Das ist ihr Abenteuerurlaub, um ihr langweiliges Sexleben zu aktivieren“, antwortete er spöttisch. „Ich bin ein Mann auf der Straße, ich bekomme so etwas mit.“

Sonia ging auf den Balkon und beobachtete die Nachbarin von nebenan, die mit einem Kehrbesen in Gedanken versunken ihre Terrasse fegte. Wann immer sie ihr begegnete, im Innenhof oder im Stiegenhaus, stand sie da und wischte und kehrte, als ginge sie der kontemplativsten Tätigkeit der Welt nach. Und wahrscheinlich war es das für sie. Die Außenwelt vergessend.

Sonia folgte eine Weile den Bewegungen des Besens: Scht. Schscht. Scht. Scht. Schschsch. Scht.

Klappernde Geräusche aus der Küche lenkten ihre Aufmerksamkeit zurück zum Gespräch. „Und außerdem“, schimpfte sie in das Wohnzimmer hinein, „ich kann es nicht leiden, wenn du mich Baby nennst. Wenn hier einer das Baby ist, dann bist du es.“ Yampier stand mitten im Raum. Er wirkte im diffusen Licht des abgedunkelten Zimmers größer.

„In Kuba wird man schneller erwachsen als sonst wo auf der Welt. Bitte behandle mich nicht wie einen Buben nur weil du zwei Jahre älter und im reichen Europa groß geworden bist und nicht hier. Dann wechselte er abrupt das Thema: „Magst du eine frische Guave?“

Yvonne vertrat die Ansicht, dass Guaven Versöhnung bringen. Es deutete alles darauf hin, dass sie recht hatte. So wie sie den Geschmack von Birnen, Stachelbeeren, Erdbeeren und Kiwis mit einem Hauch von Pfirsich, Quitte und Feige in einer Frucht vereinen, schaffen sie auch Harmonie zwischen sieben verschiedenen Meinungen. Zumindest unter jenen, die sie regelmäßig verzehren und sich im Grunde ihres Herzens mögen. In diesem Moment klopfte es heftig. Sonia hatte vergessen, den Schlüssel abzuziehen, und eilte zur Tür.

„Das ist wieder typisch, dass du nach Hause kommst, sobald man von Guaven spricht“. Yvonne wirkte erleichtert.

„Ich befürchtete schon, ihr seid schon wieder im Bett“, meinte sie schmunzelnd, „weil mich ja keiner gehört hat.“

„Wir haben uns gestritten“, sagte Sonia.
„Wir haben diskutiert!“, betonte Yampier, der sich auf das Sofa hatte fallen lassen wie eine müde Kartoffel.
Yvonnes Kleidung klebte förmlich an ihrem Körper. Sie fuhr sich mit beiden Händen durch die Haare und wischte sich Strähnen aus dem feuchten Gesicht.
„Que calor, was für eine Hitze, que calor“, sagte sie.
„Willkommen im Jungle“, witzelte Yampier mit einem schmutzigen Lachen. Sonia nahm ihr die Tüte aus der Hand, die voll mit Früchten war.
„Die Dusche ist immer noch außer Betrieb!“, sagte er beiläufig. „Aber Guaven haben wir jetzt immerhin genug!“.
Yvonne hatte sich neben den Ventilator gestellt und zog ihr T-Shirt ein wenig hoch, um Luft an den Körper zu lassen. „Wir könnten ein Guaven-Zitronen-Lassi daraus machen“, schlug sie vor. „Mir schwebt etwas mit Naturjoghurt vor. Guaven püriert, der Saft einer halben Zitrone, etwas Honig, und Mineralwasser. Ein köstlich-erfrischendes Rezept!“, schwärmte sie.

„Wir haben nicht mal Joghurt ohne Natur. Und Zitronen sind in Havanna so exotisch wie am Nordpol geworden“, warf Yampier spöttisch ein.

„Dann wäre ich jetzt lieber dort", meinte Sonia, die sich auf Yampiers Schoß gesetzt hatte, ihm zärtlich durch die Haare fuhr und mit Küssen bedeckte.
Yvonne kratzte sich am Kopf. „Es hilft nichts, ich muss dschungelduschen". Sie schnappte sich einen Kübel Wasser im Pasillo und verschwand damit im Bad.
„Geht ihr heute wieder in eine Bar", rief sie von dort in das Wohnzimmer, „hier darf heute jeder höchstens noch ein Mal aufs Klo!"

Am Abend waren Sonia und Yvonne wieder alleine im Appartement. Yampier hatte sich unter einem Vorwand zu einer nächtlichen Versammlung geschlichen. Da sich die Reparatur um ein paar Tage verzögern würde, beschlossen die Frauen spontan, sich einer einwöchigen Rundreise mit naturbegeisterten Kanadiern anzuschließen, die sie ein paar Tage zuvor eingeladen hatten. Es waren noch Plätze frei. Cienfuegos, Sierra del Escambray, Trinidad, Santa Clara und zurück, stand auf dem Programm. Bis sie heimkehren würden, wäre das Problem mit der Wasserpumpe sicherlich behoben.
Während sie sich an das Kofferpacken machten, fiel Yvonne der Traum von letzter Nacht ein. Sonia spitzte die Ohren. Die Erzählung erinnerte sie daran, was sie in Che Guevaras Reisetagebüchern gelesen hatte. Soweit sie sich erinnern konnte, fuhr er mit einem

Ruderboot zur Isla del Sol und fand Marta im heiligen Bezirk der Ureinwohner. Er hatte sie als „weibliches Figürchen von der Größe eines kleinen Fingers“ beschrieben und nicht wie eine lebendige Frau, aber „immerhin echt, hergestellt aus Tunyana, der Legierung der Inka“.

Mit kritischem Blick hielt Yvonne abwechselnd zwei Sommerkleider vor sich und wog ab, welches davon besser für die Reise passte. „Hieß seine Freundin nicht Poderosa?“, warf sie gedankenverloren ein.
Sonia sah sie mit aufgerissenen Augen an. Dann presste sie die Lippen aufeinander: „Die Poderosa war doch das Motorrad!“, entfuhr es ihr. Yvonne sah verwirrt auf und als sich ihre Blicke trafen, brachen beide in Gelächter aus.

*** Aus Yvonnes Reisetagebuch**

27. April, Sierra del Escambray: Auf der Wanderung zum Wasserfall El Rocio kam ich aus dem Staunen über die Vielfalt an Blumen und Pflanzen nicht heraus: eine Pracht! Mein erster Besuch im tropischen Regenwald, sprachlos vom Grün. Was heißt Grün? Üppiges Grünzeug in allen Schattierungen, das die Hügel und Berge überzieht. Palmen, an deren rauhrindigen Stämmen Tillandsien und Bromelien hinaufklettern und in den prächtigsten Farben erblühen. Kaffeestauden, Bambus, Riesenfarne. Höhlen mit unterirdischen Bächen. Die Naturforscher kamen aus dem Fotografieren nicht heraus. Wären Sonia und ich nackt durch den Dschungel gelaufen, hätten sie trotzdem nur Augen für die Flora und Fauna gehabt.

Der Wasserfall: amazing!, doch mein Highlight war ein natürlicher Pool. Nach den Entbehrungen der letzten Tage in Havanna hat er all unsere Sehnsüchte erfüllt. Endlich Süßwasser in Hülle und Fülle. Kein Salz auf der Haut. Und danach gab es aromatisch-milden Kaffee, der hier kultiviert wird. Herz was willst du mehr. Die Habaneros sollten viel öfter aufs Land fahren. Wir wären gerne ein paar Tage länger geblieben, um den Bauern zu helfen, doch die Reise geht weiter. Ich freue mich auf Hanabanilla, den Stausee.

30. April, Trinidad:

Wir besuchten Trinidad nach Art der Touristen. Schlenderten durch die mit Kopfsteinpflaster ausgelegten Straßen mit den pittoresken Häusern an beiden Seiten mit farbenfrohen Fassaden und hölzernen Balkonen. Kleine Läden, die Sachen verkauften, die kein Mensch benötigt, wechselten sich mit Bars und Restaurants ab.

Es lag das flaue Gefühl in der Luft, auf wessen Kosten diese Stadt zu ihrer Blüte gelangte, fast so als wären die Großgrundbesitzer, die sich einst bereichert hatten, noch hier. Wie sie stolzierten mit dem Wissen um ihren Wohlstand, der vielen schnell zu Kopf steigt, wenn dafür nicht der eigene Schweiß fließt, sondern der von anderen. Und nicht nur der Schweiß, auch deren Blut und Würde.

Ich kann mich an den schönen Dingen und Plätzen, die auf diese Weise entstanden sind, nur schwer erfreuen. Doch das ist eben Trinidad, die Perle der Karibik, hinter deren Schönheit sich die Qualen verbergen wie in einer Muschel, in der ein Fremdkörper heranwächst, den man später für kostbar hält. Es ist nicht so, dass ein eingedrungenes Sandkorn dafür verantwortlich wäre, es sind die Parasiten, die in das tiefe Mantelgewebe der Muschel eindringen und dort Schicht für Schicht etwas ablagern. Genauso verhält es sich mit der Ausbeutung der Menschen.

Sonia fragte mich, ob ich am Abend in die „casa de la música" mitkommen wolle. Warum nicht?

Sie sah hübsch aus, als sie vor mir die Stufen hinaufging.

Richtig kubanisch, Tia Luisa wäre stolz auf sie.

Sie trug einen kurzen Rock und ein Top und zu meiner Überraschung ließ sie die Haare offen. In den hohen Schuhen wirkte sie etwas unsicher, aber ich tröstete sie damit, dass es an dem verdammten Kopfsteinpflaster lag, das die ganze Stadt überzog.

Sie meinte, sie fühle sich wie ein Storch im Salat, was mich amüsierte. Ich riet ihr, zu tanzen, denn dabei sei das Gewicht eher auf die Ballen verlagert.

Zu meiner Überraschung war der Veranstaltungsort nicht ausschließlich von Touristen besucht. Auf einem Podest standen kleine Tische und Stühle aus Schmiedeeisen. Selbst die Stufen, die wie eine Tribüne wirkten, waren voll besetzt. Auf der linken Seite spielte eine Gruppe, davor bewegten sich die Tanzpaare auf engem Raum. Es dauerte nicht lange, bis ein Einheimischer mich zum Tanz aufforderte. Ich warf Sonia einen Blick zu und ließ mich auf die Tanzfläche führen.

Die Musik holte mich schnell aus den Gedanken über die Vergangenheit des Landes heraus und die Sorge um die kaputte Wasserpumpe war völlig vergessen. Ich bewegte mich leichtfüßig zum Rhythmus der Musik. Nichts kann man so leicht folgen wie den Figuren einer Salsa. Der Tänzer sprach nicht mit mir und schien auf das Wechselspiel der Instrumente konzentriert. Bald setzte die Leichtigkeit sich durch, die schnellen Schrittfolgen, die einen über die Tanzfläche schweben lassen, wenn einem die Fähigkeit, exzellent zu führen, im Blut liegt.

Ich liebe die Akzente der Trompeten in der klassischen Spielart, aber auch die jazzigen Variationen, wenn ein Saxofon die Melodien prägt. Ich stehe auf die Stimmen der Hauptsänger, wie sie auf- und abgehen, die Refrains des Chors, die sich tranceartig wiederholen und mit den Hauptstimmen verschmelzen oder dagegen ansingen, um sie herauszufordern. Ich genieße das Spiel der Trommeln, der Congas und des Schlagzeugs; nichts bringt sie aus dem Rhythmus. Meine Füße verlassen sich darauf, dass sie zum gleichen Zeitpunkt auf dem Boden landen, wie die Hände auf den Fellen der Congas. Salsa ist ein Elixier, das jede Zelle des Körpers verzaubert. Die Schultern schwingen aus dem Zentrum der Wirbelsäule heraus, der Schmerz fällt ab, der sich durch zu viele Gedanken ansammelt und sich zur Sturheit verfestigt, von der man in Europa zu schnell befallen wird.

Doch dann wurde ich aus dem tranceartigen Zustand herausgerissen. Die Musik hörte zu spielen auf. Bevor mein Tanzpartner, der ebenfalls völlig im Rhythmus versunken schien, reagierte, spürte ich die Ursache für die abrupte Unterbrechung auf der Haut. „Lluvia", sagte der Mann lachend.

Regen.

Über dem Gelände der Casa de la musica hatte sich ein schwarzes Wolkengebilde formiert, die Musiker packten in aller Eile ihre Instrumente, einige Leute liefen ihnen zur Hilfe, die anderen Gäste flüchteten sich kreischend und lachend unter den überdachten Barbereich. Ich sah mich nach Sonia um, konnte sie aber im Getümmel nicht erkennen. Zuerst fielen die Tropfen zögerlich, doch von einer Minute auf die andere prasselte ein Platzregen auf unsere Köpfe und auf die Tische ein, als sei die Sintflut ausgebrochen.

Ich zog die Schuhe aus, um nicht zu stolpern. Alle drängten sich auf engstem Raum aneinander, ich konnte mich in letzter Sekunde unter das Dach zwängen, an die Rückseite eines männlichen Körpers gepresst. Es *erschien mir aufdringlich, weshalb ich mich rasch umdrehte. Der lauwarme Regen prasselte auf die Fläche vor mir, prallte vom Kopfsteinpflaster ab und landete auf meinen Füßen und Unterschenkeln. Mit den Händen fuhr ich über die tropfnassen Wangen und strich mir die Haarsträhnen aus dem Gesicht, bis sich der Mensch, mit dem ich Rücken an Rücken stand, langsam umdrehte. Mein Atem stockte. Hände umfassten die Schultern, dann drückten mich fremde Arme an einen warmen Körper. Sie hielten mich fest an sich gedrückt, sodass die prasselnden Tropfen meine Beine nicht mehr erreichten. Der Mann überragte mich um etwa einen Kopf, ich spürte die Muskulatur seines Oberkörpers, dann blickte ich auf die braunen Unterarme.*

Mein Körper gab nach und ich entschied mich, an ihn gelehnt stehen zu bleiben, als wäre es die normalste Reaktion auf den überraschend einsetzenden Regen.

Seine Wange schmiegte sich an der linken Seite an meinen Kopf und ich hörte ihn sagen: „Deine Energie fühlte sich so gut an, ich konnte nicht widerstehen“.

„Lluvia“, antwortete ich aus Verlegenheit und lächelte in den Regen hinaus, in seine Arme geschmiegt, als hätten unser Körper längst eine stille Übereinkunft getroffen. Die Menschen um uns nahmen keine Notiz davon, aber dennoch erschien es mir unpassend, mich umzudrehen und einen Fremden zu küssen.

Sonia stand unter dem Dach auf der anderen Seite und grinste. Sie überkreuzte ihre Arme, fasste sich selbst an die Schultern und fuhr sich mit den Händen erotisch über den Hals und die Oberarme, um die Szene, die sie beobachtet haben musste, nachzuspielen. Nur übersah sie, dass ein junger Mann ihr dabei zusah. Er stand direkt neben ihr, hatte den Oberkörper weit nach links gebeugt, die rechte Faust in die Hüfte gepresst, den Blick fragend und belustigend auf sie gerichtet.
Sonia hatte den Mann neben sich noch immer nicht bemerkt und machte mit ihren rekelnden Bewegungen und Streicheleinheiten weiter. Ich nickte und dachte, das geschähe der kleinen Hexe recht. Bald würde sie mit aller Inbrunst versuchen, ihm die Situation zu erklären.

So schlagartig der Regen begonnen hatte, so abrupt hörte er wieder auf. Ich fand es ein bisschen schade, dass der Mann seine Umarmung löste. Das Gedränge unter dem überdachten Barbereich lockerte sich. Die Kellner wischten die Tische und Sessel ab, die Musiker bezogen Stellung, nur auf den Stufen nahm niemand mehr Platz. Einige Touristinnen machten sich, durchnässt, aber fröhlich, auf den Weg in ihre Unterkünfte und wunderten sich, wie schnell es nach dem heftigen Regenguss wieder warm wurde.
Sonia stürmte auf uns zu. Der Mann stellte sich als Alejandro vor und streckte ihr die Hand entgegen. Ich denke, sie fand ihn genauso sympathisch wie ich.

Es ergab sich, dass wir eine Runde spazieren gingen. Oh Gott, es muss lange her sein, dass ich mit jemanden Händchen haltend durch die Straßen schlenderte.

Alejandro behauptete, ich wäre ihm sofort aufgefallen, da er in der Band gespielt habe. Ehrlicherweise hatte ich umgekehrt nur die Sängerin wahrgenommen. Eine großartige Stimme. Hinreißende Ausstrahlung. Sie sei seine Prima, meinte er.

Nirgendwo auf der Welt haben Männer so viele Cousinen (Primas) wie auf Kuba, muss man ergänzen.

Wir blieben im Schein einer Laterne stehen. Er versuchte, mir weiszumachen, er wäre eifersüchtig auf den Mann gewesen, mit dem ich getanzt hatte, weshalb er Shango um Regen angefleht hatte, damit das Konzert abgebrochen werden müsste! „Ich danke dem Himmel, dass es funktionierte", sagte er.. Langsam glaube ich, dass die Kubaner in der Tat eine spezielle Verbindung zu den Göttern haben. Bestimmt wäre es ihm gelegen gekommen, wenn ich die Nacht bei ihm verbracht hätte. Und ehrlich gesagt, ich fand ihn auch gut, doch mich zog es weiter. Keine Ahnung, warum.

*

„Wach auf, Yvonne! Wir verpassen noch den Bus. Wach auf!", Sonia schüttelte ihre Kollegin. „Wir müssen los".

Yvonne gähnte. „Ich weiß nicht mal, was ich anziehen soll".

„Im Bus, besser Hosen. Die Kleider brauchen wir doch später. Beeile dich, um Himmels willen, wir haben nur 15 Minuten."
Fünf Minuten zum Duschen, fünf Minuten zum Koffer packen, fünf Minuten zum Anziehen. Wenn es drauf ankam, musste Yvonne nicht überlegen. Sie schlüpfte in die weiße Leinenhose und streifte sich ein rotes T-Shirt über und eine leichte blaue Wickeljacke. Ein praktisches Kleidungsstück, das aus dem Ballett in die Mode aufgenommen wurde, schnell geknotet, ohne dass sich die Tänzerinnen die Frisur zerstörten. Yvonne trug die Jacke offen, sodass die Zipfel fast bis zum Knie reichten.
„Vergiss die Wasserflasche nicht", sagte Sonia, bevor sie das Zimmer verließen.
Dann schnappten sie die Gepäckstücke und liefen los. Der Busfahrer hatte schon den Motor angeworfen.
Vamos para Santa Clara! Auf nach Santa Clara!

#

„Soso", sagte Aquilea und blickte vom Buch auf. „Du hast also viele Cousinen." Sie beobachtete Alejandro dabei, wie er hinter der Bar auf und ab humpelte. Er stützte sich mit den Ellbogen an der Theke auf, zwinkerte ihr zu und fragte sie, ob sie noch einen „Mojito" bestellt habe.

„Mit Eis“, sagte er.

„Bist du ein Zauberer?“

„Nein. Ich bin Kubaner. Wir reparieren alles. Nichts leichter, als ein Notstromaggregat zu aktivieren.“

Er stellte den Drink auf die Bar und stützte seinen Kopf auf beide Hände.

„Wo liegt Santa Clara?“, fragte Aquilea.

„Kuba natürlich!“

„Das muss doch unter Wasser stehen?“

„Nein“, antwortete er kurz.

„Nein?“, hakte Aquilea ungläubig nach.

Alejandro erzählte, dass sich das Meer rund um die Insel von einem Tag auf den anderen nach oben aufbauschte. Es schaue von der Küste danach aus, als würde sich die Erdkugel in die andere Richtung wölben.

„Was? Das widerspricht doch allen Naturgesetzen“. Aquilea warf ihm einen prüfenden Blick zu.

„Kuba ist eben anders“, reagierte er mit einem Schulterzucken. „Unsere Hohepriester sagen, das sei das Werk von Yemanja, der Göttin des Meeres, sie mag uns eben.“

„Wie habt ihr es geschafft, zu überleben?“

„Wir wurden vorher schon mehr als 60 Jahre lang blockiert.

Lange hatten wir damit gehadert, bis uns klar wurde, dass wir uns autark machen müssen. Essen, Kleidung, Medizin, Energie, einfach alles."

„Wie habt ihr die Menschen überzeugen können? Das ist ja nirgendwo gelungen", sagte Aquilea mehr erstaunt als fragend.

„Wir haben einen Paradigmenwechsel vollzogen und den Paradiesmus als Grundlage der Gesellschaft ausgerufen. Wir haben es mit Freundschaft, Friede, Fairness versucht", zählte er auf. „Und mit viel Liebe!"

Aquilea nippte an dem Getränk. „Aber warum bist du weggegangen?"

„Yvonnes Tochter ist in Europa geblieben. Nachdem die Kommunikationsnetze zusammen gebrochen waren, habe ich ihr versprochen, sie zu uns zu holen? Im Sturm ist mein Boot vom Kurs abgekommen und es ist wohl ein Wunsch der Götter gewesen, dass ich hier gestrandet bin."

„Glaubst du an Gott, Alejandro?"

„Nein, Gott glaubt an mich", sagte er süffisant, „sonst hätte er mich nicht auf die Erde gesandt."

Aquilea bohrte nach. „Und warum kam Yvonne nicht mit?"

„Bist du vom FBI?", sagte er und verdrehte die Augen dabei. „Aus taktischen Gründen, für den Fall, dass sie sich schon auf den Weg zu ihr gemacht hat, damit sie ihre Tochter empfangen kann."

„Du wirst einen Katamaran brauchen."

„So ist es, mi amor".

Sie waren so ins Gespräch vertieft, dass sie die Rückkehr von Bilbao und Elias, die Freundy und den Anderen einen Besuch abgestattet hatten, nicht registrierten, bis sich Bilbao in das Gespräch einmischte. Es gäbe eine der besten Profiseglerinnen in ihrem Stamm, erzählte er. Ihr Segelboot sei sehr stark. Soviel er wisse, würde sie in nächster Zeit nach Europa übersetzen.

Es wäre besser, zu warten, bis sein Fuß verheilt sei, warnte Nadja, als sich Alejandro neben sie auf das Sofa setzte und das Bein auf einen Hocker legte. „Du hast Recht. 2700 Seemeilen sind ein weiter Weg", sagte er nachdenklich.

Ein paar Tage später fuhren die Boote im Morgengrauen aus allen Richtungen zu jenem Wolkenkratzer an der 5th Avenue, in dem sich einmal ein Hotel mit Einkaufszentrum befunden hatte. Die Wassermenschen kleideten sich in feinste Roben und Gewänder, um gemeinsam auf der obersten Plattform in die aufgehende Sonne hineinzutanzen. Barfuß, denn in die Schuhe passte niemand mehr. Stattdessen gab es Minigeneratoren für die Fußgelenke, mit denen man die restlichen Musikanlagen in Schwung brachte. Der alte Mensch war weg, doch der Jazz, der Pop, die ganze Klangwelt der fünf Rhythmen war geblieben. Aquilea tanzte lange, dann ließ sie sich im roten Ballkleid vom Rand des Plateaus rückwärts ins Meer fallen. Bilbao, im champagnerfarbenen Anzug, wie ein Turmspringer, ihr hinterher. Sie küssten sich, als der Sog sie nach unten zog, bis sie auf dem Dach eines Gebäudes unter Wasser landeten wie Fallschirmspringer, die sich wieder in Tanzende verwandelten. Die Chillout-Beats klangen in ihren Körpern weiter und kullerten als Luftbläschen nach oben. Bilbao und Aquilea streiften ihre Kleider ab, bevor sie an ihnen klebten und innig verschlungen sahen sie dem tiefen Rot und dem Champagnergelb nach, die wie Boten des Sonnenaufgangs nach unten tanzten. Verlassene Kleider einer Stadt, die einst so viele Menschen angezogen hatte. Jetzt waren sie leer, hingen an den Straßenlaternen am Meeresgrund, schwangen dort hin und her bis die Farben verloren gingen oder sich die Fasern im Salz auflösten.

Alejandro hatte sich rasch mit der Skipperin angefreundet.

Sobald das Wetter es zuließ, wollten sie sich am Südrand eines aufkommenden Tiefs mit Wellen bis zu vier Metern Richtung Osten tragen lassen. Für die Nächte trafen sie die Vereinbarung, sich in Zweistundenschichten abzulösen, um achterlich viele Meilen gutzumachen, und so in weniger als drei Wochen den Atlantik zu überqueren. Freundy kam mit seinen Mitbewohnys und brachte Vorräte an Bord des Katamarans. Kürbisse und Karotten, Obst und Wasser und eine Menge Reserven, die sie in einem Lebensmittellager unter Wasser entdeckt hatten, gingen an Bord des Segelbootes. Bilbao entschloss sich, mitzukommen, da er sich im Mittelmeer am besten auskannte und mit permanenten Segelwechseln Erfahrung hatte, falls unterschiedliche Windbedingungen dies erfordern würde.

Am Abend vor der Abfahrt erzählte Aquilea noch einmal die alte Geschichte vom Fiume Bianco. Es war anzunehmen, dass der Meeresspiegel im Mittelmeer bis nach Tolmezzo angestiegen war. Von dort aus müssten sie sich auf der alten Route der Römer, dem Fluss Tagliamento nordwärts folgend, bis in die Berge durchschlagen. Die Landmenschen, davon war Aquilea überzeugt, werden sich in dem Gebiet der Norici angesiedelt haben und dort würde auch Yvonnes Tochter, Nigella, zu finden sein.

Il fiume bianco

Aus dieser Entfernung, vom Hügel vor dem heiligen Berg aus, war die Schlucht nicht zu sehen. Man konnte nur erahnen, wo sie sich befand. Zwischen dem hohen Bergrücken am Horizont und dem niedrigeren davor, der sich wie eine Linie im Dickicht des Nadelwaldes abzeichnete. Nur, wenn man genau hinsah, war der Dunst vom Fiume Bianco sichtbar. Durchscheinende Schwaden, die sich im Schritttempo vorwärts bewegten. Doch innerhalb von wenigen Minuten verdichteten sie sich zu aufbäumenden Wogen, die sich mit unbändiger Kraft durch die Talenge zwängten. Da war keine unscheinbare Einheit an verirrten Wassermolekülen im Anmarsch, sondern eine riesige Kompanie.

Als Nigella das Schauspiel der Ankunft des Fiume Bianco zum ersten Mal hautnah miterlebte, war sie an der gleichen Stelle gestanden wie heute. Direkt hinter dem südlichen Beobachtungsposten an der Mauer des Oppidiums. Ihr hatten die Pferde leidgetan, die auf der Wiese weideten. Warum liefen sie nicht fort? Sie grasten seelenruhig weiter im Zwielicht des weißen Flusses, bis sie nicht mehr zu sehen waren. Eilig, wie ein Wiesel war sie ins Dorf zurückgerannt, aber da Vater nur nickte und weiter an einem Fensterrahmen werkte, sah es nicht nach Gefahr in Verzug aus.

Nigella war mittlerweile zur Frau geworden. Gelassen beobachtete sie, wie der Fiume Bianco über die Landschaft floss und die Häuser unter sich begrub. Eben sah man noch das Dach der Schmiede herau leuchten, aber der Fluss machte vor nichts Halt und schluckte alles, das ihm in den Weg kam. Die Straßen mit von Ochsen gezogenen Wagen, die Villa Rustica mit dem Vorratsspeicher, die angrenzenden Stallungen, sogar das Moor, dem man sich nicht nähern sollte, gingen ohne Widerstand in seinen Fluten unter. Der Fluss hatte die ganze Tallandschaft eingenommen. An der Oberfläche tänzelte er wie das Meer im Sturm und brandete in Wellen an die Berghänge, die dort und da hervorragten, als versuchten sie, dem Fiume Einhalt zu gebieten. Auf der anderen Seite des Hügels ließ sich erspähen, wie der Fiume weiterzog, sich Meter um Meter das Land einverleibend, bis er im Osten, dort, wo der silberne Fluss vor sich hin plätscherte, in einem Graben zwischen den Bergen verschwand. Nicht die kühnsten feindlichen Reiter würden so stark sein wie er. Nigella schlenderte über die Ackerfläche zurück ins Dorf. Der Nachtfrost hatte die abgeschnittenen Halme des Einkorns so fest im Boden verankert, dass sie nicht mehr nachgaben. Man musste beim Gehen Acht geben, dass die Stiele das feine Leder der Schuhe nicht durchbohrten.

„Mach dir keine Sorgen, Tochter. Über nichts und niemanden", sagte der Vater, als sie ihn abends in seiner Hütte besuchte. Sie hatte die Besorgnis geäußert, der Fiume könnte es dieses Jahr zu weit treiben und bis in die höher gelegenen Siedlungen einfallen. „Uns hat er bisher nur die Füße geküsst und so wird er es auch diesmal machen".

Ihren Vater beunruhigte lediglich die Tatsache, dass sich die Händler aus dem Süden bei Matucaium im Fiume verirren könnten und sie den falschen Weg einschlügen. Die Druiden des Stammes warteten schon sehnlichst auf den Wein aus Friuli und das Olivenöl aus dem Süden, in das die letzten Kräuter des Jahres einzulegen waren. Die zarten Blüten vom Augentrost, der zum Trocknen in Büschen von den Balken unter dem Dach baumelte, drohten bald abzufallen.

Selbst die Römer schwörten auf die Heiltränke und bevorzugten Eisenkraut aus den Bergen, das nahe der warmen Quellen bis in den späten Herbst hinein blühte. Man erzählte sich, dass sie das Kraut den Soldaten unter die Rüstung stecken würden. Auf dass sie unbesiegbar blieben!
Seit die Händler von der Idee, die befestigten Landstraßen zu bereisen, nicht abzubringen waren, ließ sich ihr Eintreffen nicht mehr so exakt abschätzen. „Es wäre die bessere Option flussaufwärts zu treideln so wie früher", sagte der Vater und warf ihr einen durchdringenden Blick zu. Nigella wandte sich rasch ab. Sie wollte es sich nicht anmerken lassen, wie leid es ihr tat, dass die Menschen immer seltener auf ihn hörten, sondern lieber den Gepflogenheiten der Römer ihr Vertrauen schenkten.

Auf der Hochebene war eine eigenwillige Stille eingekehrt. Ein Warten und Hoffen. Der Fluss, der frühmorgens nur ein kleines Bächlein bildete und erst im Laufe des Tages zu einem kraftvollen Strom anschwoll, gehörte bald zum Alltag der Menschen. Die Bewohner der unteren Plateaus verließen die Häuser kaum. Sie waren in sich gekehrt und verhielten sich wie Wesen am Meeresboden, die langsam am Grund dahin wandelten, die Köpfe gesenkt, die Arme schwer am Körper herabhängend. Zu müde waren sie und zu träge, um ihre Verwandten zu besuchen. Selbst ihre Stimmen und ihr Lachen, das im Sommer schallend nach oben drang, waren verstummt.

Die meisten hatten sich in die Hütten zurückgezogen. Mit einer Spindel in der Hand starrten sie den lieben Tag lang auf einen Faden aus Wolle oder Hanf und achteten darauf, dass er immer in die gleiche Richtung drehte. Auf den Feldern keine Arbeit, die es zu verrichten galt. Die Ernte war längst eingebracht, die Flure bereiteten sich auf den Winterschlaf vor. Nur die Ziegen- und Rinderherden, die von den höheren Lagen zurückgekehrt waren, mussten gefüttert werden.

Wer bei guten Kräften war, dichtete die schadhaften Stellen an den Häusern ab, damit sich der Fiume Bianco nicht durch die Ritzen und Spalten im Holz zwang, und man im Inneren die eigene Hand vor dem Gesicht nicht mehr erkennen konnte.

Andere reparierten die Stadtmauer des Oppidums. Niemand hatte eine eindeutige Antwort darauf gefunden, weshalb sich die Steine lockerten. Die Wächter, die auf den Mauern patrouillierten, mit der Aufgabe, immer nach Rauchzeichen von Gehöften in der Ferne Ausschau zu halten, vermuteten, dies sei das Werk der Gnome: Wenn sie Baumaterial für ihre Behausungen brauchten, würden sie die kleinen Trümmer forttragen, daher wurden die großen Steine lose. Doch niemand hatte je einen von ihnen gesehen. Gehört ja, freilich hörte man die Gnome manchmal an der Mauer werken, wenn kein Lüftchen wehte, denn sie hantierten achtlos und ließen dort und da ein Steinchen fallen, das man wie aus heiterem Himmel über die Wiese kullern sah.

Nigella pfiff durch die Finger, um ihr Pferd zu rufen. Epo war immer sofort zur Stelle, denn er verabscheute die eintönige Arbeit am Feld, wo er gelegentlich mithelfen musste, damit es im Winter Getreide gab. Nichts liebte er so wie die langen Ausritte: Wenn sie im raschen Tempo über die Felder und Wiesen galoppierten, sah es so aus, als würden sie schweben. Und es sah nicht nur so aus, es war wie Fliegen: Nigellas Kopf nah an dem des Pferdes, sodass man Epos schwarze Mähne und die welligen Haare der jungen Frau nicht voneinander unterscheiden konnte.

Sie ritten eine Weile an der Böschung entlang und kamen dem Fluss näher, bis Epo anhielt und die Ohren spitzte. Nigella stieg ab und zog ihn neben sich her. Zu gerne hätte sie sich an das Ufer des Fiume gesetzt, um sein Wesen zu ergründen, doch sobald sie sich näherte, zog er sich zurück. Das Flussufer schien verschwommen, fast wie eine Fata Morgana, schwer erkennbar, ob man im Wasser stand oder am sicheren Land. Nigella strich mit dem Handrücken über das Gesicht, um sich zu vergewissern, ob der geheimnisvolle Fluss Feuchtigkeit auf der Haut hinterlassen hatte. Vielleicht schwitzte sie nur.

Am liebsten wäre sie bis ins Zentrum des Fiume Bianco vorgedrungen, dort, wo die Sonnenstrahlen kaum einfielen, aber das Pferd blieb wie ein Bollwerk stehen, und setzte an, sich hoch aufzurichten, so wie es stets reagierte, wenn Gefahr drohte. Epo war an sich kein ängstlicher Typ, er ging trittsicher bis zur Baumgrenze hinauf, auf den schmalen Pfaden, wo sich die anderen Pferde nur mit gutem Zureden hinwagten.

„Epo, Epo-Schätzchen, Epo", versuchte Nigella ihn zu locken, doch er stellte die Ohren auf, brummte in einem tiefen Dauerton und entspannte sich erst, als die Reiterin bereit war, umzukehren. Langsam trabten sie ein Stück durch den Wald, wo sich die Wärme des Tages gesammelt hatte. Auf den letzten Metern hinauf zur Siedlung blendeten sie die flach einfallenden Sonnenstrahlen. Der Fiume wirkte im Abendlicht wie warme Milch, Zeit die Ziegen zu melken.

Erst mit der Ankunft der Händler aus dem Süden kam wieder Leben ins Dorf. Die Bewohner, deren Häuser vom Fluss geschluckt worden waren, stiegen aus der feuchten, zähen Suppe empor. Sie wirkten blass, träge und schwerfällig und beneideten ihre Verwandten, die im Sonnenlicht gebadet hatten, verschont von der bleiernen Schwere des Bianco.

Die Güter waren rasch getauscht. Die Öle in Flaschen, die Weine in den Amphoren, die geräucherten Meeresfische, die bunt bemalten Schalen und Teller aus den großen Kisten; die heilenden Tinkturen und die Pilze aus dem Wald, nach denen die Römer gierten.

Unter den Händlern befand sich ein Neuer mit lockigem Haar, der Nigella sofort aufgefallen war. Er schien sich lausig um die Kundschaft zu kümmern und flanierte stattdessen von einem Stand zum nächsten, um zu plauschen. Seine Haltung entsprach nicht der von geschäftstüchtigen Leuten, die sich immer ein bisschen gebückt gaben, was ihnen beim Tauschen einen Vorteil bescherte. Nigella beobachtete ihn weiter aus den Augenwinkeln.
Er kam näher und begrüßte sie mit „Ciao Bella!".
„Ich heiße nicht Bella, sondern Nigella", gab sie ihm zur Antwort.
„Dann muss ich mich vielmals entschuldigen", meinte er und streckte ihr die offene Hand entgegen, auf der eine Haarnadel lag. Nigella nahm das Geschenk an. Hier, in den Bergen, gab es selten neue Dinge. Sie hätte sich gerne mit dem Fremden unterhalten, doch Epo, der nicht in den Marktbereich durfte, scharrte unüberhörbar mit den Hufen und gab schnaubende Geräusche von sich. Der Händler brachte mit seinen Händen und einer Mimik, die Nigella zum Lachen brachte, zum Ausdruck, was er vom Störenfried hielt. Sie verabschiedeten sich. Seine Blicke folgten ihr, bis sie auf

das Pferd stieg, das den Kopf in den Nacken warf und mit der jungen Frau davonlief, während der Römer vor sich hin murmelte: „Arroganter Germane, mit dir werde ich schon fertig," sagte er grimmig. Ein Bauer, der sich in diesem Moment an ihm vorbei drängelte, fühlte sich betroffen: „Um Himmels willen, ich habe doch nichts getan, mein Herr". Der Römer sah ihn verdutzt an.

Zuhause steckte sich die junge Frau die Bronzenadel, deren Verzierung eine filigrane pflückende Hand, die nach einem Apfel griff, nachbildete, ins Haar.
„Pass nur auf, dass dich die Männer aus dem Süden mit ihren Geschenken nicht eines Tages fortlocken", sagte Vica. Als eine der erfahrensten Druidinnen der Norici, blieb sie von Schmuckstücken, die aus Metall gefertigt wurden, unbeeindruckt. Frische Blumen, die sich die junge Frau oft ins Haar flocht, trafen ihren Geschmack viel eher.
Nigella kam es nicht einmal im Traum in den Sinn, ihren Stamm zu verlassen: Bald würden die Raunächte anfangen. „Um nichts in der Welt will ich die Heiligen Nächte verpassen. Und sicher nicht für einen Mann", antworte sie mit selbstsicherer Stimme.

Jetzt, wo sie 17 Jahre zählte, hatte sie erstmals die Erlaubnis erhalten, an den Feierlichkeiten in der Höhle teilzunehmen. Ihr Vater, der als

Seher des Stammes die Sterne im Blick hatte, rieb sich die Hände. „Es wird ein besonderes Jahr folgen, ein außergewöhnliches", verkündete er. „Wir werden den Stier besiegen. Und dann, mein Kind, beginnt eine neue Ära!"

Noch lag das Alte und Frostige in der Luft, denn der Fiume hatte die Kälte gebracht. Nachts ließ es sich nur mit dicken Fellen zugedeckt gut schlafen. Sobald es dunkel wurde, verließ Nigella die Hütte nicht mehr, seit die Kaufleute im Gästehaus am Waldrand untergebracht waren. Sicher ist sicher.

Den jungen Mann mit dem lockigen Haar beobachte sie abends von einer Dachluke aus, wie er hoffnungsfroh, mit einer Laterne in der Hand, am Eingang der Hütte für die Gäste stand und nach ihr Ausschau hielt. Er war kein Händler, wie sie angenommen hatte, sondern ein Neffe des Kaisers in Rom, ein Krieger, der sich in den Kämpfen im Osten vorzüglich geschlagen hatte. In einem Orakel wurde ihm geweissagt, seine Kräfte seien von Belenus verliehen, deshalb war er hier. Bis nach Rom hatten sich die kraftspendenden und heilenden Gaben der Norici herumgesprochen. Sie galten den Göttern nahe, geschützt vom heiligen Berg und den Quellen, aus denen sie tranken.

Bei der Zusammenstellung des Räucherwerks für die Raunächte durfte Nigella assistieren. Salbei, Wacholder, Wiesenthymian, der in den Bergen den würzigen Geruch der Luft in seinen zarten, lilafarbenen Blüten sammelt und sich mit einer zitronigen Note vermengt. Dazu der unscheinbare Geruch von Eisenkraut, das sich zum Räuchern von kultischen Stätten eignet und das Herb-Aromatische aus den silbrig-grauen Blättern von Wermut. Nigella nahm die getrockneten Kräuter und zerrieb sie zwischen Fingerkuppen und Daumen. Jetzt, wo das Wasser aus den Pflanzen verschwunden war, rochen sie intensiver als im Sommer. Sie betrachtete das ölige Konzentrat auf ihren Fingerspitzen und lächelte versonnen.

„Vielen bleibt der Zugang zu unserer Welt vorenthalten, musst du wissen“, erklärte Vica. „Es ist besser, wenn sie bedeckt vom Fiume dösen und denken, in den Raunächten dürften sie einfach keine Wäsche im Freien lassen und damit sei es getan.“ Die großen Fragen werden von den simplen Menschen nicht geklärt, nicht einmal verstanden. Sie blieben besser in ihren Häusern und erzählten sich abenteuerliche Geschichten von der Wilden Jagd, die sie fürchteten wie die ungezähmten Stürme des Winters. Der Zug der Seelen, die vor ihrer Zeit verstorben waren, wolle sie mitreißen, hieß es in den Legenden, und deshalb schlossen sie sich und die Tiere ein, von denen sie behaupteten, sie könnten dieser Tage mit menschlichen Stimmen im Stall miteinander sprechen. Wer sie belauschte, dessen

Tod wäre nah. Vica zuckte mit den Schultern: „Es wird schon seinen Sinn haben, dass sie so denken!"

Die Sonne ging direkt bei der Eintrittspforte des Fiume Bianco im Südwesten jeden Abend um ein paar Minuten früher unter, bis die Tage so kurz erschienen, dass sich für manche das Aufstehen nicht mehr lohnte. Nigella blieb morgens nur solange im Bett, bis die Sonne über den Bergrücken geklettert war, und ihre Wärme durch die Fenster in die Häuser floss. Am Tag der Wintersonnenwende machte sich eine Gruppe aus der oberen Siedlung gemeinsam mit dem Römer mit dem lockigen Haar auf den Weg zur Höhle, die versteckt im Wald auf einem dicht mit Nadelbäumen bewachsenen Kogel lag. Imposante Felsen, an denen man sich alleine nicht vorbeiwagte, bewachten den Eingang. Der Flötenspieler, der sie bis hierher begleitet hatte, warf einen erwartungsvollen Blick in die Höhle. Sein Geist war nicht trainiert genug, um an zwölf Nächten im Kreise der Wissenden teilzunehmen. Er hatte es selbst so entschieden. Sein Leben war dem Spiel auf der Flöte gewidmet. Sein Instrument erzählte mit seinen Tönen von Wehmut und Freude, von Begeisterung und Angst, vom Schrecken, die einen überkam, und von der Neugier, die er jetzt verspürte. Trotzdem verabschiedete er sich schnell, um vor den Geistern, die hier oben gerufen werden würden, verschont zu bleiben. Womöglich waren sie schon hier.

Die Seher und Seherinnen nahmen auf den Sitzbänken vorne Platz, die Stammesführerin Vica und der Römer dahinter. Nigella gesellte sich zu der Gruppe der Druiden, die also gleich ein Feuer entzündeten und sich an die Zubereitung der Tränke machten. Bald war die Höhle in die Düfte des Räucherwerks gehüllt. Hell ausgeleuchtet, offenbarte sich der Zauber des Ortes. Die Grotte war hellblau ausgemalt, mit silbernen Sternen, die im Schein des Feuers wie das Firmament in der klarsten Dunkelheit leuchteten.
Nigellas Vater öffnete die Arme weit, blickte nach oben und rief die Götter und Kräfte der Natur an, so wie es ihn die Vorfahren gelehrt hatten:

Weithin künd ich der himmlischen Sterne
Heiligen Glanz, mit erhabenen Worten
Ruf ich die hehren Gottheiten an!
Himmelsgestirne, der dunkelen Nacht
Liebste Kinder, in kreisenden Wirbeln
Drehend auf feuerbrausender Bahn,
Wiederstrahlend das ewige Feuer,
Allerzeuger, Träger des Schicksals,
Führer und Lenker jedwedes Geschicks!
Leiter der Menschen auf göttlichen Pfaden,
Walter der siebenfach leuchtenden Zonen,

Himmlische, Irdische, Wandrer im Äther,

Unzerstörbar auf feuriger Bahn;

Leuchtend am dunklen Gewande der Nacht

Blickend im schimmernden Glanze,

Freundlich gesinnte Hüter des Dunkels;

Kommt zum tiefer forschenden Wettstreit

Heiliger Feiern, mit rühmlichen Werken

Führet zum Ende den wackeren Lauf! *

Mit einem Echo klangen seine Worte in der schützenden Höhle nach. So wie eine Lücke von zwölf Nächten zwischen dem Sonnen- und dem Mondkalender klaffte, gab es Leerstellen im Wissen, die sich über das Jahr hin aufgetan hatten und manche, die seit Ewigkeiten ungeklärt waren. Nachdem Nigellas Vater der Stammesführerin mit Zunicken ein Zeichen gegeben hatte, stand Vica auf und nahm, in Felle gehüllt, auf einem großen, flachen Stein Platz. Sie trug die Fragen, die ihr unterbreitet wurden, mit klarer Stimme vor. Sie betrafen das alltägliche Leben wie etwa das Festlegen der richtigen Tage für Aussaat und Ernte im nächsten Jahr, oder die Beziehungen zwischen schwierigen Personen, die Zusammenkünfte mit befreundeten Stämmen und die Verträge mit den Römern.

Das Gedicht stammt aus: Orpheus. Altgriechische Mysterien. Gelbe Reihe. Band 40 (Es handelt sich dabei um eine Sammlung von Gedichten, die vermutlich aus verschiedenen Kulturkreisen von einem Redakteur zusammengefasst wurden).

Es kamen auch weitreichendere Fragen hinzu: Wie wird es sein, wenn der Widder am Himmel bezwungen ist? Oder, wo der Fiume Bianco seinen Anfang und sein Ende nahm?

Die Druidinnen traten vor Vica, um sie in den Rauch der heiligen Kräuter aus Johanniskraut und Beifuß, aus Fichtenharz und Mädesüß zu hüllen. Sie erhob sich und sprach:

Unsere Allverehrte rufe ich an,
die das Seiende deuten kann.
Alles, was früher gewesen
Und was wiederum später ist.
Sende uns, reich an Rat,
*für die gute und glückliche Tat!**

Man hörte tiefe Seufzer und den Wind, der vor der Höhle sein Spiel mit den Himmelsrichtungen trieb. Man sah die Schatten der Flammen über das steinerne Gewölbe tanzen. Die jungen Druiden gingen durch die Reihen und reichten Schälchen mit Geist klärendem Tee. Niemand ergriff das Wort. Der Römer runzelte die Stirn und sah sich um: Er hatte mit ausschweifenden Erklärungen gerechnet, mit Wortgefechten, mit erhitzten Gemütern. Nach einer Weile

Das Gedicht stammt aus: Orpheus. Altgriechische Mysterien. Gelbe Reihe. Band 40 (Es handelt sich dabei um eine Sammlung von Gedichten, die vermutlich aus verschiedenen Kulturkreisen von einem Redakteur zusammengefasst wurden).

nickten sich die Anwesenden zu, sprachen leise miteinander, doch so weit er den Dialogen entnehmen konnte, pflichteten sie sich nur bei, dass es sich um wichtige und bedeutende Fragen für ihren Stamm handelte. Keine Antworten.

Die erste Nacht in der Höhle endete so, wie sie begonnen hatte: mit offenen Fragen. Eine Druidin wies Nigella an, auf ihre Träume zu achten, wenn sie sich schlafen legte. Da sie das erste Mal an der Feier in der Höhle teilnahm, würden die Geister sie auserwählen, um eine Botschaft zu senden. Dann setzte sich der Tross wieder in Bewegung – zurück ins Dorf, wo seit dem Sonnenaufgang gefeiert wurde. Die Kinder und die Alten, die Frauen und die Männer waren aus dem Fiume Bianco aufgetaucht, um die Wintersonnenwende auf dem höchsten Plateau zu feiern und den strahlenden Himmelskörper an diesem Morgen zu begrüßen. Sie tanzten und betranken sich mit dem Wein aus dem Süden und mit vergorenem Birkensaft, den sie selbst hergestellt hatten, bis zum Sonnenuntergang. Endlich geschafft! Die Tage wurden länger.

Nigella feierte nicht lange mit. Zu müde, die Augen so schwer, dass sie mit letzter Kraft zu ihrer Bettstelle in der Mitte des Raumes taumelte. Ein tiefer Schlaf überkam sie, bis Vica sie weckte, um erneut in die Höhle aufzubrechen. Das Ritual zur Einladung der

Himmelsgestalten und der Götter wiederholte sich. Dann trat Nigella vor, um zu berichten. Alle Augen waren auf sie gerichtet. „Ich träumte Fragezeichen, die durch den Raum flogen“, erzählte sie. „Manche waren groß wie eine Armlänge und andere klein wie eine Hand. Sie umschwirrten mich wie ein Schwarm Vögel und schienen aufgeregt, als wären sie nicht sicher, ob sie in Richtung Süden ziehen sollen oder bleiben.“ Die Älteren warfen sich wissende Blicke zu. Da die Norici über keine Schrift verfügten, war das Fragezeichen an sich neu. Man deutete den Traum Nigellas als etwas, das mit dem jungen Römer zu tun haben müsste. Vica richtete das Wort an ihn. Doch er gab nur an, dass ihn ehrlicherweise eine Frage am meisten beschäftigte: Weshalb so viele Frauen bei einer so bedeutenden Sitzung anwesend waren? „Kannst du nicht zählen oder siehst du schlecht?“, antwortete ihm der älteste der Druiden: „Es sind gleich viele Frauen wie Männer hier“. Alle lachten.

Die Orakel sagten im Zusammenhang mit Schriftzeichen stets Unheilvolles vorher. Nigellas Vater hatte sich so wie seine Vorfahren gegen das Schreiben ausgesprochen. Die Gefahr, dass Falsches aufgeschrieben und dadurch Unrecht entstehen würde, wäre viel zu groß. Genau wie, dass jemand sie benutzte, um einem Anderen aus Eifersucht oder Neid zu schaden. Nigella wusste nicht, was er meinte. Dass solche Menschen je geboren werden würden, lag außerhalb des Vorstellungsvermögens der jungen Frau. Sie blickte dem Römer über die Schulter und spähte auf die Zeichen, die er in sein Wachstafelbuch ritzte. Ihr gefielen sie. Würfel wie auf dem Stoff ihres Kleides, kleine Zelte auf Stelzen, Vogeleier, verbundene Linien wie Spinnennetze, Kreise wie die Jahresringe von Bäumen, Dreiecke wie Bergspitzen. Der Römer drehte den Kopf leicht zur Seite, um ihren Atem im Nacken zu spüren. Dann strich er mit der stumpfen Fläche des Stilus die Capitalis rasch wieder glatt, als wollte er etwas verheimlichen.

Der vierte Tag in der Höhle war Belenus, dem Gott des Lichtes und der Heilung geweiht. Man wartete bis zum Sonnenuntergang, um sein alljährliches Zeichen zu erschauen. Kurz bevor die Sonne hinter dem Bergrücken der Schlucht verschwand, fielen die Sonnenstrahlen exakt in die Grotte ein und leuchteten sie vollständig aus. Man deutete dies als ein positives Zeichen, dass bald Licht in die Dunkelheit der Fragen, die im Raum standen, kommen werde. Kein Ritual, nur Helligkeit, Strahlen, Hoffnung und Vertrauen.

Acht weitere Tage lang wurde diskutiert, hinterfragt, gemeinsam meditiert und gedeutet. Je nach Angelegenheit und Dringlichkeit wurde die Meinung der Druiden eingeholt oder das Ansinnen der Stammesführung miteinbezogen. Wenn man nicht mehr weiterwusste, eilte man zu den Hügelgräbern, um die Ahnen zu befragen. Was auch komme, es ging allen darum, dem Neuen mit Würde zu begegnen.

Als das Ende der Raunächte nahte, erkundigte sich Nigella bei ihrem Vater, dem Seher des Stammes, was anders sein werde in der neuen Ära, von der er sprach.

„Geist und Materie werden sich trennen. Viele Gegensätze werden entstehen. Sogar die Kerne werden gespalten. Manche von uns werden in den Süden ziehen, und andere auf eine Insel, weit im Norden und trotz der Entfernung werden wir uns hören und sehen. Auf jedes gelöste Fragezeichen werden zwei neue folgen."

Nigella sah ihn erschrocken an, doch er fuhr unbeirrt fort: „Wir werden es überstehen. Aus dem Auseinandernehmen und Neuzusammenstellen tauchen auch spektakuläre Dinge auf. Später einmal werden wir fliegen wie die Vögel, schneller sogar, im Bauch eines riesigen Tieres aus Metall, das uns über das Land und die Ozeane trägt."

Bevor sie am letzten Tag die hellblaue Grotte mit dem Firmament aus Sternen verließen, trat Vica vor den Stamm, schloss die Tore zur feinstofflichen Welt, löschte das Feuer und löste die Versammlung feierlich auf. Draußen war der erste Schnee gefallen. Er hatte den mächtigen Strom des Fiume Bianco niedergedrückt, ins frostige Erdreich hinein. Man sah die Dächer wieder, die Zäune, die Bäume, die statt Blättern zentimeterdicke Schneelasten auf den Ästen trugen und die Kinder, wie sie in der Winterlandschaft tobten. Geführt vom

Flötenspieler, der zu unbeschwert-freudvollen Liedern griff, wanderten sie hinter ihm her durch den zauberhaften Wald, in ihre Siedlung heim.

Die Händler aus dem Süden hatten ihre Rückreise vor dem Einsetzen der Schneefälle angetreten. Bevor der silberne Fluss, bedeckt von Eis und Schnee, zur Gefahr würde für Reisende, die flussabwärts schifften. So erwies sich für den jungen Römer mit dem lockigen Haar, was das Orakel für ihn vorausgesehen hatte: im Reich von Belenus zu bleiben.
Er beobachtete, wie Nigella Holz in das Badehaus trug und grinste breit: Das Schicksal war ihm wohl gesonnen.

#

Der Stamm der Wassermenschen stand lange auf der höchsten Plattform der Stadt, um dem Katamaran der sich seinen Weg durch den Ozean bahnte zu winken. Bis zu drei Monate würde es dauern, ehe sie zurückkehrten, von der Reise in eine alte Kultur.

Elias hatte seine helle Freude an der Eiswürfelmaschine, die seit der Inbetriebnahme des solarbetriebenen Notstromaggregats einwandfrei funktionierte. Manchmal hielt er einen Eiswürfel einfach in der

Hand, um die Kälte zu spüren. Er benetzte seine Lippen und eine Jugendgeschichte seiner Mutter, die früher als Gletscherforscherin gearbeitet hatte, offenbarte sich ihm.

Schneewalzer

Den Schnee, Schnee, Schnee, Schneewalzer tanzten wir.
Du mit mir. Ich mit dir.

Großmutter hatte Jana das Tanzen beigebracht und die Liebe zum Skifahren geweckt. Um beides zu verbinden, bräuchte man nur diese Strophe und den Rhythmus dazu, hatte sie gemeint. Der Rest ist etwas zwischen dem Berg und dir. Und dem Schnee, der dich mit dem Gelände verbindet. Jana hatte die Stimme ihrer Großmutter im Ohr: Mit Musik im Kopf fährt es sich besser, sagte sie. Wichtig ist es, vor dem Wort „Walzer" ordentlich Geschwindigkeit aufzubauen, um eine lange, betonte Kurve hinzulegen. Der Part „Du mit mir", eignet sich für drei kurze, kleine Schwünge. Das „Ich" danach am besten genussvoll, quer über das Gefälle, in die Länge ziehen. So tanzt du den Hang hinunter, schwebst der Piste entlang wie eine Profitänzerin über die Tanzfläche. Bei den letzten Kurven vor dem Lift lässt du die Melodie in dir ausklingen, mit ein paar eleganten Kristianaschwüngen, wie Großmutter das nannte, und bremst mit einer kleinen Staubwolke ab. Es ist eben doch ein Wassersport. Und was für einer, der schönste überhaupt.

Jana summte die Melodie weiter vor sich hin, als sie den Bügel des Schleppliftes oben schwungvoll losließ und an den Rand der Piste fuhr. Kraftvoll stieß sie die beiden Stöcke in einen Schneehaufen und stülpte ihnen die Handschuhe über, um nach dem Mobiltelefon zu kramen.
„Warum nicht mit Walzer in einem Tutorialvideo werben? Was denkst du Tom?", schrieb sie auf WhatsApp. Erst gestern Abend hatten sie sich unterhalten, wie man ältere Semester, so ab fünfzig, für das Genuss-Skifahren begeistern könnte. Es war wenig los in diesem Winter. Die Leute verlangten entweder nach überdimensionierten Skigebieten oder nach etwas Speziellem. Es blieb ihnen nichts übrig, als neue Wege anzudenken. Warum nicht mit Großmutters Schneetanz-Methode punkten?

Jana wartete die Antwort nicht ab. Sie betrachtete lieber die kettenartige Anordnung der Berggipfel vor ihr. Neun Jahre als Schilehrerin und sie hatte sich noch immer nicht sattgesehen am Schnee, der wie weißer Zuckerguss an den Bergen klebte und sich vom Blau des Himmels, an dem ein paar Wolken wie Milchschaum hingen, absetzte. Sie fixierte die Bergspitze in der Ferne, die einer schneeweißen

Pyramide gleichend, aus der gezackten Gebirgskette hervorstach. Dann schaute sie auf die Dünenlandschaft aus Schnee vor sich und erschrak, da sich eine Frau nach ihr umdrehte, die sie nicht wahrgenommen hatte, obwohl sie die ganze Zeit schon unmittelbar vor ihr gestanden war. Es könnte an der Kleidung gelegen haben, die sie trug. An der weißen Skihose, der hellblauen Jacke mit dem Kragen aus hellgrauen Pelzhaaren, dem schneeweißen Helm. Die junge Frau sah ihr direkt in die Augen. Jana erinnerte ihr Blick an die Freaks, die sie vom Strand in Santa Barbara in Erinnerung hatte, wenn sie auf die nächste Welle warteten, und dabei wie gebannt auf das Meer hinaus starrten. Hier war sie ihr jedenfalls nie zuvor aufgefallen. Jana zog die Augenbraue über dem linken Auge hoch, wie es die Bösewichte in den Filmen vorzeigen. Die fremde Frau lachte und sagte: „Ist es nicht wunderbar, dass das Wasser hier heraufkommt und alles bedeckt, ohne in Wellen fortzurinnen wie am Meer?“ Dann stellte sie sich auf das Snowboard, das sie eng an sich gedrückt hielt und sauste den Hang hinunter. Jana, hinterher. Gemächlich, im Takt des Walzers, so wie sie es ihren Schülern empfehlen würde. 1,2,3/ Du mit mir. 2,2,3/ Ich mit Dir. 3,2,3 4,2,3.

Am Zugang zum Schlepplift trafen sie sich wieder. „Letzte Fahrt“, meinte der Liftwart. „Wir sperren gleich zu, das Wetter schlägt um. Schaut, dass ihr rasch ins Tal kommt.“

Entweder war es Unaufmerksamkeit gegenüber seinen Worten oder Jana hatte eine falsche Vorstellung von rasanten Wetterumschwüngen. Oben wehte urplötzlich ein kalter Wind. Heftiger Schneefall umhüllte sie. Die junge Frau bekam es mit der Angst zu tun, da sie die Hand vor ihren Augen nicht mehr erkennen konnte. Es erschien unmöglich, die Einfahrt in den Steilhang überhaupt zu erwischen. „Ich kenne einen Unterschlupf", sagte die Frau mit dem Snowboard. „Wir müssen uns in Sicherheit bringen". Im Schritttempo tasteten sie sich vor. Sie wies Jana an, knapp vor ihr zu fahren, um sie nicht aus den Augen zu verlieren, denn ihre Kleidung wirkte unter den großen Flocken wie eine hellgraue Wand, kaum wahrnehmbar. So lotsten sie einander den Abhang hinunter, bis zu einer Hütte, die geborgen, im Schutz von Gebirgstannen, stand. Jana kannte die Gegend gut, doch dieses Haus hatte sie nie gesehen. Normalerweise hätte sie sich erkundigt, weshalb die fremde Frau wusste, wo der Schlüssel versteckt lag, bevor sie über die Schwelle trat, doch das Häuschen sah zu einladend aus, um Fragen zu stellen. Im Vorraum fiel Janas Blick direkt in die Küche, wo ein Teekessel auf einem alten Herd brodelnde Geräusche von sich gab. Auf dem Schrank stand eine Dose mit Keksen. Wohnte hier jemand?

Nachdem die Frau den Sturzhelm abgenommen hatte, sah Jana erst, wie hübsch sie war. Ein blühend weißes Gesicht mit feinen Zügen und vollen Lippen, mit leuchtend blauen Augen und langem, brünettem Haar, aus dem Schneeflocken fielen. Mit offenem Mund starrte Jana sie an. „Nadja", sagte die Frau fröhlich. „Ich bin Nadja". Während sie bequeme Kleidung für beide aus der Kommode im Wohnzimmer brachte, erzählte sie, dass sie als Glaziologin arbeitete. Für ein internationales Forschungsinstitut. Sie hätte ein paar Messungen am Gletscher oben durchzuführen. Deshalb war sie hier. In einer Woche käme eine Truppe an WissenschaftlerInnen nach, sofern sich das Wetter bis dahin beruhigte.

Sie würden die Nacht in der Hütte verbringen, das war bald klar, denn der Schneefall ließ nicht nach. Eine Holzleiter führte vom Wohnzimmer zum Matratzenlager hinauf, das mit unterschiedlich großen Kissen, Lammfelldecken und Federbetten fast den ganzen Raum ausfüllte. Alles war in winterweißen, beigen, erdbraunen und hellblauen Tönen ausgestattet. Es sah nicht nach Almhütte aus, höchstens die Lärchenholz-Vertäfelungen an den Wänden. Über die linke Seite war ein champagnerfarbener Betthimmel gespannt, der dem Raum eine elegante und kuschelige Atmosphäre verlieh. Als sie das Licht der Petroleumlampen löschten, waren die kleinen Fenster im unteren Geschoss schon bis zur Hälfte verschneit. Draußen fielen die Schneeflocken weiter aus den Wolken herab, eng aneinandergedrängt oder ineinander verschlungen, aufgewirbelt durch den Sturm tanzten sie eine wilde Samba bis zum Morgengrauen. Wie viel es in dieser Nacht tatsächlich geschneit hatte, wurde Jana erst bewusst, als sie die Türe nach draußen zu öffnen versuchte. Sie ging nicht auf. Die beiden kletterten durch ein Fenster hinaus und ließen sich in die frisch gefallene weiße Pracht plumpsen.

Der Schnee hatte die Bäume in neue Kleider gehüllt. Mit dick verschneiten Ästen ragten die Tannen wie Segel in den Himmel. Jedes Geräusch, selbst das Knirschen unter den Tritten, wurde vom Neuschnee geschluckt. Weit und breit keine Spuren von Tieren oder Menschen. Jana und Nadja waren die in den Bergen vergessenen Kinder Gottes, beide glücklich, den anderen zu haben, frei von Angst, mit einem Gefühl von Unendlichkeit.

Mit Schneeschuhen an den Füßen und Stöcken in den Händen wanderten sie stundenlang durch die verträumte Landschaft aus Schnee und Eis, immer den Bergkämmen entlang, unter dem Gletscher, wo man sicher vor Spalten im Eis sein konnte. Die Liftanlagen standen still. Dicke Eiszapfen hingen an den Seilen und Kabinen, die Pistengeräte waren tief unter den Schneemassen begraben worden und dienten ab nun den Hasen und Mäusen als Höhlen. Wenn Jana oder Nele kalt wurde, wärmten sie sich mit ihrem Atem, wenn sich Müdigkeit breit machte, stützten sie sich gegenseitig. Sie dachten nicht daran, ins Tal zu marschieren, sondern kehrten zur Hütte zurück, um hier zu verweilen. Die großen Mengen an Lebensmitteln in der Vorratskammer im Keller, die für einen mehrwöchigen Aufenthalt der Forschungsmission eingebunkert waren, erstickten alle Zweifel im Keim. Selbst Tom hatte geraten, zu bleiben, wo sie waren. An einen Abstieg war wegen der Lawinengefahr ohnehin nicht zu denken. Zu beschwerlich und zu riskant.

Die Straßen waren nicht befahrbar, dort, wo es alte Stromleitungen gab, hingen die Seile bis zum Boden herab. Nach Wochen strenger Kälte beklagten sich die Menschen im Tal bitter über den nicht enden wollenden Winter.

Kaum hatten sie Hoffnung geschöpft, die wärmeren Tage würden sich durchsetzen, schickte der Nordwind den Schnee zurück. Es verging kein Tag ohne Eiskristalle, die wie Wattebäuschchen vom Himmel fielen und die Felder und Wiesen erneut bedeckten.

Die Luft in den Bergen blieb kalt und trocken. Pulverschnee. Die jungen Frauen stapften in höhere Lagen und wedelten nebeneinander her durch die weiße Pracht an den steilsten Hängen nach unten. Nadja hatte die Technik schnell verinnerlicht. Wie man aus dem weichen Schnee heraus startet. Wie man die Skier über die Oberfläche gleiten lässt. Wie man eine zentrale Position hält und die Richtungswechsel mit Gewichtsverlagerungen einleitet.

„Du bist die beste Lehrerin, die ich jemals hatte", lobte Nadja ihre Freundin und fuhr voll des Übermutes in den Hang.

„Mach keinen Druck", rief Jana ihr nach. „Nutze den Untergrund. Drücke das Pulver wie einen Schneeball zusammen und gleite darauf".

„Wassertreten. Sanft einsinken! Nein!".

Zu spät.

Nadja war aus dem Rhythmus geraten und schlug Purzelbäume den unberührten Hang hinab. Jana fuhr ihr gelassen hinterher und bremste unter ihrer Freundin ab, aber Nadja schubste sie zur Begrüßung, sodass sie ebenfalls hinfiel, direkt neben ihr Gesicht. Jana lachte nicht. Sie wischte sanft den Schnee von Nadjas Wangen und von ihren Lippen, um sie zu küssen.

An diesem Abend hüllten sie sich in Decken, lasen sich Geschichten vor und servierten einander heiße Schokolade mit Zimt, Chili und Vanille. „Das ist es, was ich mir immer gewünscht hatte", sagte Nadja, bevor sie einschliefen, „eine Freundin an meiner Seite, bei der ich das Gefühl habe, ich brauche keinen einzigen Menschen außer ihr."

Am nächsten Morgen kam die Sonne heraus und die Eiskristalle auf der dichten Schneedecke schimmerten wie Edelsteine. Die beiden hielt nichts mehr in der Hütte. Sie bauten Skulpturen aus Schnee und formten eifrig Schneebälle. Jana kam die Idee zu einem kleinen Wettbewerb. Wer zuerst zehn Bälle über die Hütte werfen könnte, wäre die Gewinnerin. In hohem Bogen flogen die ersten Schneekugeln über das Dach. Nadja hielt inne. „Hast du das gehört?". Jana hatte schon die nächsten Bälle los geschleudert, ehe sie aufhorchte. „Ouch", kam es von der anderen Seite der Hütte zurück.

Zwei Männer waren unbemerkt auf einem Schneemobil eingetroffen. Der eine stellte sich als Felice Rozas vor. Nadja hatte von ihm erzählt. Ein Argentinier mit italienischen Wurzeln. Ein Naturbursche mit einem strahlenden Lachen wie die Sonne, wenn sie morgens hinter dem Bergrücken hervor kletterte. Er arbeitete an einem Buch über die Alpen und kam, um sich einen Einblick in ihre Tätigkeiten am Gletscher zu verschaffen. Der andere, ein isländischer Höhlenforscher. Er wirkte zurückhaltender und etwas schüchtern, als er Jana die Hand entgegenstreckte. „Wow, so warme Hände", entkam es ihr. „Blaa Lonið", sagte er und sie nahm an, dass dies sein Name wäre. Er lächelte und nickte ihr aufmunternd zu. Nadja reagierte blitzschnell auf den Annäherungsversuch. Sie kam ein paar Schritte näher heran und legte ihre Hände an Janas Hüfte ab. Die Männer warfen einander Blicke zu. Um abzulenken, scherzte Felice über den herzlosen Empfang mit den Schneebällen. Dies sei ein für die Alpen typisches Begrüßungsritual, konterte Jana, woraufhin

Lonið ihr beipflichtete, er habe es schon in der Schule gehört. Dann gab er ihr ein vertrauliches Zeichen, um die mitgebrachten Lebensmittel und die Ausrüstung vom Schneemobil ins Haus zu tragen. Endlich gab es frisches Obst und Gemüse. Und ein paar Flaschen Wein für das Abendessen. Der Vorrat an Alkohol im Keller war schon zur Neige gegangen.

Mit der Ankunft der Männer besann sich Nadja wieder auf die Arbeit. Sie stellte Messgeräte auf den Küchentisch und holte ihre Unterlagen hinter dem Sofa hervor. „So viel Schnee in diesem Winter", suchte Felice das Gespräch. „Wird der Gletscher wachsen?"

„Das hängt vom kommenden Sommer ab", erklärte Nadja. „Und noch mehr vom Nächsten. Aus einem Meter Neuschnee in diesem Jahr, kann im Idealfall ein Zentimeter Gletschereis entstehen, wenn er liegen bleibt und Zeit hat, sich langsam zu verdichten."

„Was passiert, wenn der Gletscher verschwindet?"

„Das ist nicht so tragisch für uns hier. Einige Flüsse werden weniger Wasser führen und es kann gefährlich werden, wenn große Gletscherteile abbrechen. Doch bei euch in den Anden ist das schlimmer, weil die Wasserversorgung stärker betroffen sein wird."

„Was macht dir am meisten Sorgen, Nadja?"

„Mir persönlich? Dass immer mehr Wasserdampf in höhere Schichten gelangt, um das Methan zu binden. Und dass er nicht als Regen

oder Schnee wieder herabfällt wie bisher, sondern in die Mesosphäre aufsteigt", sagte Nadja.
„Das heißt?"
„Es könnte theoretisch sein, dass sich dort eine Eisschicht rund um unseren Planeten bildet!"
Jana zog den Kopf ein bei dem Gedanken. Felice sah kurz auf und klopfte die Informationen in die Tastatur seines Notebooks.

Lonið versuchte das Thema zu wechseln. „Wolkenloser Himmel". Er schlug vor, das ungetrübte Wetter zu nutzen, um als Seilschaft zum Gletscher hochzugehen. Sein Rucksack war schnell gepackt, den Anderen steckte er Höhlenlampen für die Helme zu, was Felice zu Scherzen veranlasste. Er habe nicht die Absicht, bis zum Einbruch der Dunkelheit oben zu bleiben, da käme ihm das Matratzenlager gelegener. Nadja ignorierte seine Bemerkung und fiel ihm ins Wort: „Wir gehen nachts nie hinaus, schon gar nicht bei Vollmond. Man weiß nicht, ob es der Wind ist, der so schauderhaft heult oder eine Horde Wölfe, die hungrig durch die Wälder streift".
Da Jana die lawinensicheren Hänge am besten kannte, übernahm sie die Führung des Aufstiegs. Sie schärfte allen ein, auf dunkle, eingesunkene Stellen zu achten und den Sicherheitsabstand von neun Metern einzuhalten. Schweigsam stapften sie durch den Schnee, nur Loniðs Ausrufe, wenn er seinen Blick über das Panorama schweifen

ließ, durchbrachen die Stille der Wanderung. „Amazing", sagte er oder, „awesome". Mitten in den Worten der Begeisterung, sein Aufschrei. Nadja, die hinter ihm durch die Winterlandschaft stapfte, wurde mit einem Ruck am Seil nach vorne gezogen und musste hilflos zuschauen, wie er im Schnee versank, bis nichts mehr von ihm zu sehen war. Jana drehte sich um und schrie, so laut ihre Stimme es vermochte: „Blaa Lónið! Lónið!".
Das Echo hallte dumpf zurück. „Nid. Nid. Nid".
Felice eilte zur Stelle, an der sein Kumpane verschwunden war. Mit beiden Händen schaufelte er den Schnee zur Seite. Von oben rieselte neuer nach. Da meldete sich Lóniðs Stimme. Er wäre in Ordnung, rief er. Nadja stand wie angewurzelt da und starrte den Hang hinauf. Keine Unruhe, kein Riss in der Schneedecke. „Es ist eine Höhle", hörte man seine Stimme von unten. „Macht die Stirnlampen an und klettert herein!"

Jana half Felice dabei, den Höhleneingang vom Schnee zu befreien, bis sich ein Loch im Felsen von etwa einem Meter Durchmesser zeigte. Lónið war zum Glück in keine Gletscherspalte gestürzt, wie sie zuerst vermutet hatten, sondern in eine Randspalte hineingekippt. Als Tageslicht in den Eingang fiel, zauberte es dem Höhlenforscher das glücklichste Lachen, das je ein Mensch zustande brachte, ins Gesicht. Er holte eine stärkere Lampe aus seinem

Rucksack und leuchtete die Höhle aus. Seine Begleiterinnen kamen aus dem Staunen nicht heraus. Funkelnde Eiskristalle umgaben sie. Lónið ging vorsichtig ein Stück voran, bis an die Stelle, wo sich die Eingangshöhle in einem Tunnel fortsetzte. Das Eis schimmerte bläulich, wenn der Schein der Lampe es streifte. Andächtig gingen sie weiter wie durch den Bauch eines Fisches. Der Durchgang führte in eine Grotte, in der riesige Eiszapfen von der Decke bis zum Boden hingen. Auf der linken Seite glitt ein gefrorener Wasserfall in gleißendem Weiß in einen tiefer gelegenen Hohlraum. Es war weniger kalt als im Freien, sodass der feenhafte Nebel des Atems schnell verflog. Man hörte Wassertropfen am Boden aufschlagen. Der Schein einer Lampe folgte dem tropfenden Geräusch in einen weiteren Tunnel hinein, wo sich ein Gletscherbach gebildet hatte. Das Wasser darin schimmerte grünlich. „Wir brauchen ein Schlauchboot", flüsterte Lónið, „wenn wir Glück haben, führt der Bach zu einem See." Es gab keine Möglichkeit weiterzugehen, deshalb kehrten sie um und kletterten durch die Spalte wieder in die Winterlandschaft hinaus. Felice rieb sich die Augen, wie einer, der nicht glauben konnte, was er eben gesehen hatte. Dann stieß er einen Jubelschrei aus und umarmte und herzte Nadja und Jana voller Freude. Lónið fiel es schwer, sich von der Höhle zu lösen. Er notierte sich die Koordinaten dreimal, aus Angst er könnte sie verlieren.

Von nun an drangen sie jeden Tag, wenn das Wetter es zuließ, in den geheimnisvollen Eispalast ein. Nadja nahm Proben vom Wasser, während Lónið verrückt genug war, durch den klirrend kalten Gletscherfluss zu schwimmen, um sich von seiner Vermutung, dass am Ende des Ganges ein See lag, zu überzeugen. Er sollte Recht behalten.

Doch bald hieß es Abschied nehmen, denn die Tage wurden länger und die Bäume trugen keine Schneekronen mehr. An den sonnigen Stellen zeigten die Hänge Flecken. Ein Helikopter, den die Forschungsmission nach dem Sensationsfund zur Verfügung gestellt hatte, holte Nadja und die Burschen ab. Jana winkte, bis sie aus ihrem Blickfeld verschwanden und fuhr mit dem Schneemobil bis zur Liftstation hinunter. Von dort ging sie zu Fuß weiter. Die Pyramide aus Schnee, die aus der Bergkette hervorstach, schien, im Licht des Frühlings, in die Ferne gerückt zu sein. Vogelgezwitscher verkündete eine neue Zeit. Der Untergrund war karg, müde und von verwelktem Gras bedeckt. Wütend trat Jana auf die ersten Krokusse, die ihre weißen Hälse gierig aus dem Boden streckten.

Ein altes Gatter, dessen Eisenkette Rost angesetzt hatte, rief ihr ins Gedächtnis, dass sie diesen Weg schon einmal gegangen war: nur leichter, beschwingter und hoffnungsfroher als dieses Mal. Es zog sie tiefer in den Wald hinein, bis zu einer verschneiten Lichtung, die im Schatten des Berges lag: Dort sah man die Spuren von vier Füßen, die Walzer getanzt hatten im Schnee.

Im Tal starrten sie Jana an wie eine vom Tod Auferstandene.
„Du bist blass", sagte ihre Mutter und es lag ein tiefer Vorwurf in ihrer Stimme. Schnell verschwand sie auf ihrem Zimmer und schlief zwölf Stunden lang. Wochen vergingen, die Landschaft wurde grüner.
Im Mai stand der Blutmond am Himmel. Er lockte Jana ins Freie hinaus und weckte ihre Lust, nachts spazieren zu gehen. Hier waren keine Wölfe, nur Bäume, die wie ihre eigenen Schatten wirkten und sich leise in der Nachtluft wiegten, als bemühten sie sich, niemanden zu wecken.
Jana lief barfuß durch das nasskalte Gras auf den Hügel, von dem aus man die Bergkette erspähen konnte. Der Gipfel war in dichtes Weiß gehüllt und schien eine Botschaft von Nadja zu schicken: „Was denkst du von mir? Ich komme zurück, so wie der Winter!"

#

Alle sahen Nadja fragend an: „Manchmal kommt es anders als man denkt. Ich bin nicht zurückgekehrt", erklärte sie nachdenklich. Dann legte sie sich schlafen.

Aquilea erinnerte das an die Worte Bilbaos, bevor er auf das Boot ging: „Wir werden uns wiedersehen“, hatte er gesagt. „Mach dir keine Sorgen, Aquilea. Wenn es noch nicht so weit ist, den Kreis der Evolution für uns Menschen zu schließen, und in das Meer zurückzukehren, dann werden wir mit Alejandro nach Kuba kommen. Versprochen!“

Am nächsten Morgen schwammen Elias und Nadja früh hinaus. Sie hatten die Sprache der Delfine rasch erlernt und führten alles Mögliche vor, um sich mit ihnen zu vergnügen. Aus dem Plastik, das sie aus dem Meer fischten und in der Sonne schmelzen ließen, formten sie Bälle, die sie ihren Freunden zuwarfen im Spiel. „Meine Kinder werden einmal im Meer schwimmen wie die Delfine“, meinte Elias, als er kurz auftauchte. „Wie gerne hätte ich ihr Lachen gesehen, wenn sie einen Schneemann bauen oder hinter den tanzenden Schneeflocken herlaufen“. Nadja kam nicht dazu, ihm zu antworten, denn er wandte seinen Blick rasch ab und tauchte weit hinab.

Sie folgte ihm mit raschen Bewegungen in ein Gebäude hinein, das den Technokraten einst als Arbeitsplatz gedient hatte. Eine bizarre Welt aus Schreibtischen und Stühlen schwebte sanft in den Räumen zwischen Kabeln, an denen noch ihre Kommunikationsgeräte hingen. Manchmal wurden Gegenstände nach oben geschwemmt, die man abends erstaunt beäugte wie einst Ausgrabungen aus einer fernen Zeit. Kinderwägen, Fahrzeugheber, Radiatoren, Stabmixer, Bilderrahmen und Fritteusen. Interessierte sich niemand mehr für den alten Kram, so wurde er zu den Briefen in die Schächte der Lifte geworfen. Adieu, auf nimmer Wiedersehen. Aquilea sandte die Kraft ihrer Gedanken hinterher, und so wie sich die Geschichten der alten Menschengeneration im Salz des Meeres auflösten, lösten sich auch ihre Gegenstände in Nichts auf. Sie waren nur eine Ansammlung von Molekülen gewesen, für die es nun keinen Sinn mehr ergab, zusammenzubleiben.

Ein letztes großes Rätsel, das die entschwundene Zivilisation hinterließ, war die Freiheitsstatue. Die Figur hatte sich mitsamt dem Sockel aus ihrer Verankerung gelöst und trieb mitten in die Stadt hinein, bis sie ausgerechnet tief unter Wasser zwischen dem Trumptower und dem Chippendale-Building stecken blieb.
So beklemmend wie sie zwischen den Gebäuden festsaß, muss einst die Vorstellung von Freiheit gewesen sein, dachte Nadja. Sie ging auf Händen auf der Gestalt aus Kupfer und Stahl spazieren, als sei ihr Körper geschaffen für Balanceakte und Spielereien. Alles, was sie über den modernen Menschen, der so altmodisch geworden war, wusste, lief darauf hinaus, dass man jede Handlung mit

einem Gesetz, zumindest aber mit einem ungeschriebenen Gesetz oder mit einer Vorschrift belegte.

Wozu also ausgerechnet der Freiheit, der stets der größte Ungehorsam galt, ein Denkmal setzen? Die Delphine stupsten die Statue verwundert an, wie sie da starr in der Unterwasserwelt lag. Nadja rüttelte an ihr, so fest sie nur konnte.
Aquilea umkreiste die Statue und berührte sie sanft, dann schwamm sie bis zu deren Lippen entlang, küsste die Figur und schickte Atemluft in den Mund hinein. Da löste sich der Sockel wie von Zauberhand und die Freiheitsstatue schwamm wie ein großes grünes Tier hinauf, der Luft, dem Sonnenlicht entgegen.

Rhonda Lamberty

geboren 1971 in Friesach, aufgewachsen im Naturpark Zirbitzkogel/Grebenzen, studierte Publizistik und Theaterwissenschaften in Wien, wo sie als freie Journalistin für Tageszeitungen und Magazine tätig war.
In Havanna (Kuba) initiierte sie ein Projekt über „Süßwasser“, das eines ihrer literarischen Leitthemen wurde.

Seit 2017 ist Rhonda Lamberty als freie Schriftstellerin tätig. Veröffentlichungen in Anthologien und Zeitschriften.
Der Text „zwanzigerjahre“ kam auf die Longlist für den KSV-Literaturpreis. 2018 gewann sie den 1. Newcomer-Literaturpreis Prosa der Stadt Klagenfurt. Die preisgekrönte Erzählung „atmen“ bildet die Rahmenhandlung für ihren Debütroman „hydros“.